マルチアングル戦術図解

バレーボールの戦い方

攻守に有効なプレーの選択肢を広げる

高橋宏文

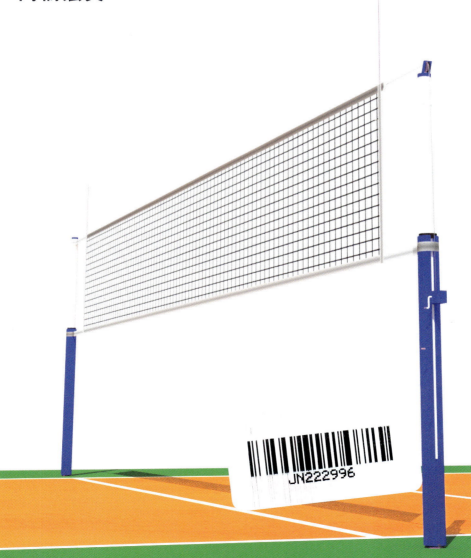

はじめに

　バレーボールのゲームはサーブから始まり、ネットを挟んで攻防を行います。

　サーブにもさまざまな戦術があり、その後のプレーのすべての局面で戦術が駆使された、攻防が出来上がっています。このゲームは考案された当初から、ダイレクトでボールを操作し、ボールをチームでつないでネット越しに攻撃を仕掛け、対する相手チームはそれに対してディフェンスを行い、成功すれば瞬時に攻撃を仕掛けていくという攻防を行ってきています。このように、バレーボールは攻防のリズムが早く攻守が目まぐるしく入れ替わる特性があるため、プレーが上達するには時間がかかります。

　また、バレーボールゲームの特徴としてネット越しに攻防を行うことから、高身長であることや高い跳躍力を持つことが有利に働き、ダイレクトプレーの連続であるため、俊敏性や巧みな身体操作能力が求められます。こうしたバレーボールのゲームやプレーの特徴から、練習における主眼が、技術の獲得や状況に合わせた身体操作、ボールコントロール、仲間との連係に置かれることが多くなります。このことは正しい選択であると言えるのですが、獲得した基礎技術や連係プレーを対戦相手との攻防の中でどのように発揮するかなどの戦術的な側面も、忘れるわけにはいきません。ボールゲームではこの戦術こそがプレーの質やその有効性を高める術にもなっているからです。さらには、ゲームではプレーの記録をつけたりしますが、一般的な記録には載らないようなポジショニングの選択やプレーの仕方、読みの

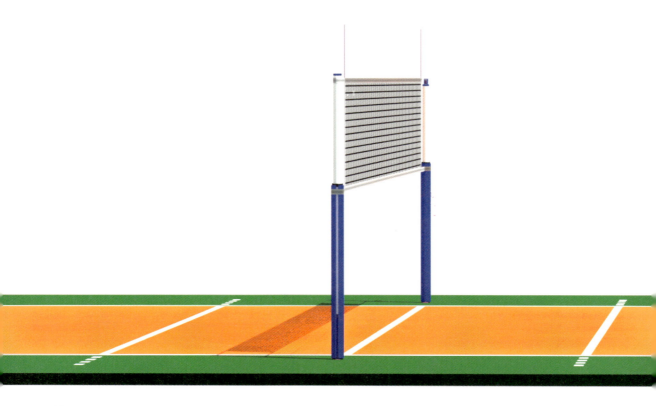

きいた動きなども非常に重要な要素となります。

　そのため、バレーボールゲームにおいてプレーする際には、まず基本的な技術を身につけることに時間を割くものですが、ゲームにおけるプレーの仕方、プレーの際に何を見て、何を考えるべきか、そこにはどのような選択肢があるか、または戦術の判断をどのように下すべきかを知ることが重要となります。そして、個人の能力やチーム力の活かし方、チーム力の引き出し方を知って練習に取り組むことで、チーム力を高めることができると考えられます。また、チームで用いる戦術の場合、複数のプレーヤーやチームメンバー全員が関与して作り上げ、遂行していくものになります。そのため、プレーヤー間の意思統一や動きの連鎖、タイミングなど十分に練習を積んで高める必要があるでしょう。

　このように考えると、練習には個人技術練習、連係力を高める練習、ゲームを実施する力を高める練習、ゲームにおいて相手チームに対して戦術を駆使してプレーしていく練習と、多くの段階があることに気づきます。さらに、戦術には技術や連係プレーと同様、難易度があります。この難易度は技術力や連係力と関係していますので、まずは簡単な戦術から取り組み、技術や連係力を高めながら用いる戦術を高度にしたり、増やしたりすることを考えていくと良いでしょう。

高橋宏文

CONTENTS

はじめに ———————————————————————————— 002

本書の使い方 ————————————————————————— 006

序章　バレーボールにおける戦術とは？

01　バレーボールにおける戦術を考える ——————————— 008

02　メンバー構成＆ポジションの特性 ———————————— 010

03　ローテーションの基本 —————————————————— 012

04　ローテーションの組み方 ————————————————— 014

05　スターティングポジションを考える ——————————— 016

第1章　サーブ戦術

06　サーブで崩すという考え方 ———————————————— 020

07　フォーメーションを突く ————————————————— 024

08　相手プレーヤーをゆさぶるサーブ ———————————— 030

第2章　レセプション戦術

09　レセプションのフォーメーション ———————————— 034

10　アウトサイドヒッターが崩れたときの対処法 —————— 040

11　オポジットがレフト側から打ちづらい場合の打開策 ——— 042

12　ビッグサーバー対策 —————————————————— 046

13　攻撃力が高まる2人フォーメーション —————————— 047

14　S4、S5ローテーションのしのぎ方 ——————————— 048

第3章　アタック戦術

15　攻撃の種類を理解する —————————————————— 052
16　助走の入り方①個人戦術編 —————————————————— 054
17　助走の入り方②集団編 —————————————————— 056
18　攻撃に幅をもたせ、距離を作る —————————————————— 060
19　レセプションからのコンビネーション① —————————————————— 062
20　レセプションからのコンビネーション② —————————————————— 068
21　オーバーナンバーの作り方① —————————————————— 074
22　オーバーナンバーの作り方② —————————————————— 080
23　状況別トスが乱れたときの対処法 —————————————————— 086
24　アウトサイドヒッターのための個人戦術 —————————————————— 088
25　ミドルブロッカーのための個人戦術 —————————————————— 092

第4章　トータルディフェンス

26　目的によって変わるブロック・シフト —————————————————— 096
27　ブロックの追い方 —————————————————— 098
28　ブロックの個人戦術 —————————————————— 102
29　セッターが前衛のときのブロックチェンジ —————————————————— 104
30　フロアディフェンスの基本形 —————————————————— 106
31　トータルディフェンスという考え方 —————————————————— 108
32　3枚ブロックとフロアディフェンス —————————————————— 116
33　サイドの攻撃が1枚ブロックになったときのディフェンス —————————————————— 118

第5章　トランジション

34　ディグからのトランジション —————————————————— 122
35　ディグが乱れたときの攻撃パターン —————————————————— 126
36　ブロックフォローからのトランジション —————————————————— 132

終章　ベンチワーク戦術

37　タイムアウトで流れを変える —————————————————— 135
38　ゲームの流れを変えるメンバーチェンジ —————————————————— 136
付録：プレー記録表 —————————————————— 138
付録：データ集計表 —————————————————— 140

おわりに —————————————————— 142

本書の使い方

本書では、バレーボールの戦術を３Dグラフィックによる図を用いてわかりやすく示している。サーブ、レセプション、アタック、ブロックなどの戦術をさまざまな角度・視点からマルチアングル（多角的）に解説しており、より直感的に理解することができる。まずは序章でバレーボールにおける戦術の基本、第１～３章ではサーブ、レセプション、アタックの個人＆チーム戦術、第４・５章ではトータルディフェンス、トランジションを紹介。終章ではベンチワークを紹介している。目的に応じて活用しよう。

タイトル
習得する戦術の内容・名称が一目でわかる

Point of view
その場面において重要な選手の視点からポイントを解説。マルチアングル図解によって、動きをイメージしやすくなる

３Dグラフィック図

３Dグラフィックを用いた図で戦術を解説。選手やボールの動きを矢印で示しており、説明文を読むことでさらに理解を深められる

 Point
戦術のポイントとなる動き方や技術の解説

 check
意識してほしいこと、知っておいてほしいこと

 S　 OH　 MB　 OP　 L　
 後衛　 相手チーム

自チームの選手はセッター（S）を赤、アウトサイドヒッター（OH）を青、ミドルブロッカー（MB）を緑、オポジット（OP）を水色、リベロ（L）を紫に色分け。サポーター・シューズの色は前衛が白で後衛が黒（後衛はパンツも黒）。相手チームはグレーとする。

序章

バレーボールにおける戦術とは？

01 バレーボールにおける戦術を考える

● ゲーム中の場面とそれぞれの戦術

　バレーボールにおける戦術の面白さは、人と人のつながりを考えるところにある。他のネット型競技のように直接相手に打ち返すのではなく、ボールを落とさずにチーム内でつなげて攻撃に結びつけるため、相手チームに仕掛けるための戦術は

もちろん、チーム内での役割を知ったうえで細かい戦術が存在する。本書ではゲーム中に生じる場面を切り取り、それぞれに考えられる戦術を紹介していく。

戦術を考える際にチェックすべき（データ項目）要素

☐ プレーヤーのサーブの特徴
check ✓ 第1章

☐ ローテーションごとのレセプションフォーメーション
check ✓ 第1章＆第2章

☐ レセプションの返球率
check ✓ 第2章

☐ スパイクの打数が多いプレーヤー
check ✓ 第3章＆第5章

☐ ローテーションごとの中心となる攻撃
check ✓ 第3章

☐ 中心となるプレーヤーのスパイクコース
check ✓ 第4章

☐ どのようなブロック・シフトを使っているか？
check ✓ 第4章

☐ どのようなディグ・シフトを使っているか？
check ✓ 第4章

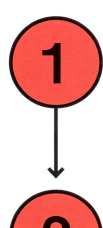

サーブ戦術

バレーボール戦術の中で唯一、能動的に仕掛けられる攻撃で、得点を取りにいく鋭いサーブ、あるいは球質やコースを考えて相手を崩しにいくサーブなど、目的や状況によってサーブの質を選ぶ必要がある。

レセプション戦術

相手のサーブに合わせつつもセッターの定位置にレセプションを返すために、メンバーの長所・短所を活かし、バランスがよく、崩れにくく、攻撃しやすいフォーメーションを組み立てる。

レセプションからの攻撃

セッターの定位置にボールが返ったと仮定し、得点を取りにいくための攻撃パターン。

トータルディフェンス（ブロック＋フロアの複合系）

ブロックのネットディフェンスとディグのフロアディフェンスを組み合わせて、相手の攻撃をどう受け止めるか、あるいは封じるのかを考える。

ディグからのトランジション

セッターの定位置にボールが返り能動的に仕掛けられる攻撃パターンから、レシーブが乱れたときのオプションとなる攻撃パターンまで考える。

02 メンバー構成＆ポジションの特性

戦術を遂行する上で適材適所のポジションを考える

バレーボールにはローテーションというシステムがある。コートの中に入る6人（＋リベロ）の技量はさまざまなので、どうしても弱いローテーション、強いローテーションが生じてしまう。すべてを強いローテーションにすることは不可能なので、選手一人ひとりの能力を見極め、横の並びの確認、適材と思われるポジションに配置することが重要となってくる。ポジションごとの役割を理解するとともに、各ポジションに求められるプレーを整理しておこう。

1 アウトサイドヒッター／OH

基本的には右利きのプレーヤーで、レセプションがしっかりできるスパイカーが務める。アウトサイドヒッターはチーム内に2人いるので、オフェンシブなタイプ（より攻撃的なスパイクを打てるプレーヤー）と、ディフェンシブなタイプ（レシーブがうまいプレーヤー）とで役割を分けることができる。ローテーションを組むときに、セッターの横に置くアウトサイドヒッターをどちらのタイプにするかよく考えておく必要がある。

2 オポジット／OP

オポジットはスパイクによる得点能力が高く、前衛ではライト、後衛でもライト側からバックアタックを打てるというのが条件。ライト側からスパイクを打つので、左利きのプレーヤーを置いたほうがいいが、チーム内に必ずしも左利きがいるわけではないので、右利きでもライト側からスパイクが打てる人が担当する。もしバックアタックが打てない場合は、レシーブ能力が高いプレーヤーを置いてレセプションに参加させ、後衛のアウトサイドヒッターにバックアタックを打たせるケースもある。

3 ミドルブロッカー／MB

名称のごとくブロックを得意とし、ディフェンス時は一番忙しいポジション。攻撃面ではクイックを打つので鋭く動き、速いタイミングでスパイクを打てる運動能力が求められる。ブロックでは左右にトスを追って動く必要があるので、左右の動きに差異がないことも重要だ。ミドルブロッカーは長身であることも大事だが、ブロック面ではセッターとの駆け引きをメインでやることとなるため、思考能力も求められる。

4 セッター／S

まずはスパイカーに対して正確なトスを送り出せる技術が求められる。さらにコンビネーションを作るとなると、1stテンポ、2ndテンポ、3rdテンポのトスを使い分けなければいけないので、オーバーハンドパスの技術が高い人が担当する。またチームの司令塔なので、攻撃を組み立てたり、戦術を組み立てたりする思考力が求められる。セッターは相手のアウトサイドヒッターに対してブロックに跳ぶケースが多いので、できれば身長が高いほうが効果的。また、ツーアタックを活かすように考えると、左利きのセッターのほうが、スパイクに近いツーアタックを打つことができる。

5 リベロ／L

レシーブを専門に担当するプレーヤー。レシーブ力はもちろん、コートを縦横無尽に動き回ってセッターへボールを供給していくため、守備範囲が広く、運動能力の高い人が担当する。チームの事情によっては、レセプションが得意なプレーヤーと、ディグが得意なプレーヤーを使い分けて起用するケースもある。またセッターがレシーブした場合などは、セカンドセッターとしての役割を担うので、オーバーハンド、アンダーハンドの両方でトスを上げられる能力も必要。ディフェンス面ではチームの司令塔になることが多く、トータルディフェンスを考えるうえでの知識、思考力が求められる。

volleyball tactics 011

03 ローテーションの基本

▶ バックオーダーとフロントオーダーの違い

　ローテーションの組み方にはバックオーダーとフロントオーダーの2種類があり、トップレベルのゲームではバックオーダーが主流となっている。本書でもバックオーダーでのローテーションを基本に進めていくが、どちらが良いというわけではなく、チームの考え方によって変わってくる。ここではその長所と短所を紹介する。

セッター位置によるローテーションの局面

　バレーボールはローテーションがあり、チームが6通りの側面を持つことになる。そのため一つひとつの側面を認識していくためにセッターの位置を中心として、1から6のナンバリングがされている。

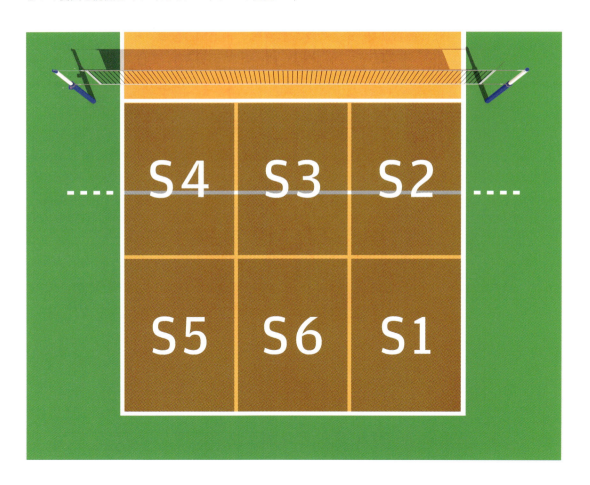

▶ バックオーダー

ネットに向かって左からアウトサイドヒッター、ミドルブロッカー、オポジットと並ぶ局面が"後衛"で生じるローテーション

S1時に前衛がオポジット、ミドルブロッカー、アウトサイドヒッターという並び順になっている。ライト側から打つのが得意なオポジットと、レフト側から打つのが得意なアウトサイドヒッターのポジションが逆となっているため、自分のポジションで打てない環境（やりづらい環境）が生じる。ただし、それが1回だけで済むのがバックオーダーのいいところ。それ以外のローテーションはアウトサイドヒッターとオポジットの並びが逆になるパターンがないため、それぞれの選手が得意とする攻撃につなげやすい。

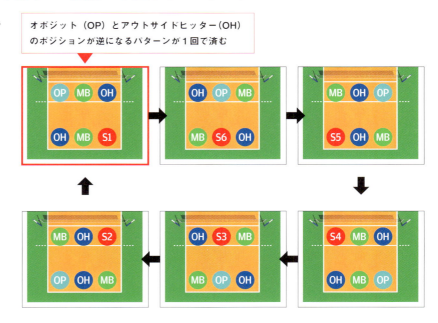

オポジット（OP）とアウトサイドヒッター（OH）のポジションが逆になるパターンが1回で済む

▶ フロントオーダー

左からアウトサイドヒッター、ミドルブロッカー、オポジットと並ぶ局面が"前衛"で生じるローテーション

S5（S2）のときにアウトサイドヒッター、ミドルブロッカー、オポジットが定位置でスタートとなるローテーションがあるのが利点。その一方で、アウトサイドヒッターとオポジットの並びが逆になるローテーションが2回（S1、S6）訪れるのが欠点となる。つまり2回は自分のポジションで打てない、または打つためにはフォーメーションや動きに工夫を加えないといけない環境が生じる。

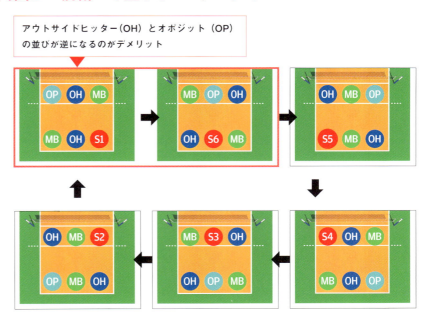

アウトサイドヒッター（OH）とオポジット（OP）の並びが逆になるのがデメリット

volleyball tactics 013

04 ローテーションの組み方

● チーム事情によって何を重視するか

ローテーションの組み方はチーム事情によって異なる。中心となるプレーヤーを均等な配置にするか、並べて強力なローテーションを作るかで戦術も変わってくるため、まずはチームとして何を重視するかを考えよう。一般的にはプレーヤーのスキル、バランスを見極め、攻撃力に差が出ないように配置するが、すべてが均等にはならないので、「ポイントゲッターとなるプレーヤーをどこに配置するか」ということから決めていくと良い。と同時にセッターの人数を決める必要があり、それによってシステムが決まる。何が最善かはチームによって違うので、ここで紹介するさまざまな考え方を参考にし、より良いローテーションを組もう。

1セッターシステム	5−1システム	現在、主流となっているのがこの1セッターシステムで「5−1システム（アタッカーの数 − セッターの数）」と表記される。セッターが前衛のときは前衛から攻撃するプレーヤーは2人になるが、セッターにとってはランニング・セッターにならないので負担が減るローテーションが3つできる。
2セッターシステム	6−2システム	基本的にはセッターを対角になるように配置してローテーションを組み、つねに後衛からランニング・セッターでトスを上げることになる。このシステムではつねに前衛に攻撃者が3人となるため攻撃力が低下しない。しかし、スパイカーは2人のセッターとコンビネーションを合わせる必要がある。
	4−2システム	フロントにいるセッターがトスを上げるため、つねに前衛のスパイカーが2人になるローテーションとなるので攻撃力が低下する。6−2と同様にスパイカーは2人のセッターとコンビネーションを合わせる必要がある。

考え方 1 チーム内にエースが2人いる場合

得点力のあるアウトサイドヒッターが1人しかいない場合は、前衛はもちろん、後衛にまわったときも攻撃に参加するしかないが、もし2人いた場合は、対角に配置し、攻撃のバランスを均等にするのが一般的。

考え方 2 チーム内にエースが3人いる場合

打てるプレーヤーが3人いる場合は、1人おきに配置する。均等に置くことで、それぞれのプレーヤーが前衛にいるときは確実に打てるという状況。ただし、ローテーションによっては、攻撃力のあるプレーヤーが前衛に2人揃うローテーションが3回、前衛に1人しかいない場合が3回になるため、3ローテーションは安定するが、残りの3ローテーションはブレイクしづらくなる。

考え方 3 バックアタックが打てるプレーヤーと、エースが２人いる場合

レフトから打つのが得意なプレーヤー２人に加え、バックアタックを打てるオポジットがいた場合は、アウトサイドヒッターの力量によって配置を決める。基本的には力量が劣るほうのプレーヤーの隣にオポジットを置くことで、カバーできるローテーションが２回になる。

考え方 4 ２エースで２セッター制
（セッターを専門的にできるプレーヤーがいない場合）

得点力のある選手は、他のプレーもうまいケースが一般的。もしセッターをできるプレーヤーがいない場合は、エース２人をセッターにし、それぞれが後衛にいった際はセッターをするという形を作る。

考え方 5 セッターとサーバーのバランスを考える配置

セッターが前衛にいるときに、後衛の３ローテーションにいいサーバーを置くというのも一つの考え。一般的にセッターは身長が低い場合が多いので、セッターが前衛にいる３ローテーションはブロックが弱いケースも。だが、後衛にいいサーバーを置いて相手のレセプションを崩すことで、ブロック面の弱さをカバーできる。もちろん、いいサーバーがいて、セッターがブロックがうまい場合は、最強だ。

考え方 6 強力なブロッカー、長身の人を並べる

長身のプレーヤーが多くいるチームでは、ブロックを特徴とする可能性がある。その場合は高い身長のプレーヤーを並べて前衛からスタートさせ、ブロックによる得点能力を上げる、あるいはブロックを使ったディフェンスを優位に働かせ、そこからラリーを取得していくという考え方がある。

volleyball tactics 015

05 スターティングポジションを考える

● 何を採用して、何を我慢するかを見定める

　ゲームを有利に進めるために、試合をどのローテーションからスタートさせるかも戦術の一つ。それぞれのプレーヤーの力量に違いがあるため、完璧なローテーションを組むのは難しいが、何を採用して、何を我慢するか。その集合体の得点力が高いローテーションからスタートすることを考える。本書では現代の主流となっているバックオーダーを基に紹介する。

考え方 1 スタンダードなスタート

① セッターを後衛ライトからスタートさせる

セッターを後衛ライトスタート（S1）にするケースが一般的。理由は、セッターを後衛ライトスタートにすると、攻撃の枚数が3枚あることになり、攻撃力の高いローテーションが最初に3回（S1、S6、S5）くるようになるため。つまりここで点数を稼げば試合を有利に進めることができる。

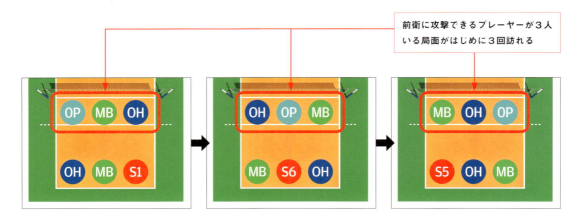

前衛に攻撃できるプレーヤーが3人いる局面がはじめに3回訪れる

② エースを前衛レフトからスタートさせる

エースを前衛レフトからスタートさせ、①の考え方と同じように攻撃力の高いローテーションを最初に3回くるようにする。セッターの横にエースがいる場合はS3スタートとなる。

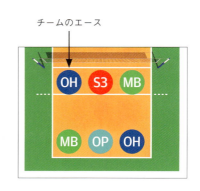

チームのエース

③オポジットが左利きの場合

通常はS1からスタートさせるが、オポジットのスタートのローテーションは前衛のレフト側になる。オポジットが左利きの場合は、レセプションのあとライト側まで走ることとなり、移動距離が長いため乱れる要因となる。しかしS6スタートにすれば、セッター対角にいるオポジットははじめからライト側に寄ることができるので、最初の2ローテーションはライト側で打つことができる。

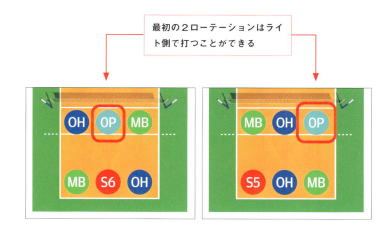

最初の2ローテーションはライト側で打つことができる

考え方 2 サーブのいい順番で考える

北京オリンピックの際、アメリカ男子チームがブラジルとの決勝戦で1セット目を落としたあと、2セット目のスタートをビッグサーバーにするため、セッターをレフトの前衛（S4）スタートに変更し、先制に成功した例がある。サーブ中心に考えれば、スタートから前半にかけて強めのサーバーを配置するというのも一つのセオリー。先に圧をかけられるため、その後の試合運びが楽になる。

考え方 3 相手とのマッチアップ

ローテーションは自分たちの攻撃が安定するように配置するのが基本だが、ゲーム中のデータからさらに相手とのマッチアップを考え、攻撃をしやすくしたいとか、相手チームのある攻撃を抑えたいとか、相手チームのあるサーバーに対して安定したローテーションで対応したいなどの理由で、自チームのスタートを変更する。トップレベルのゲームではセットごとにローテーションを変えていくケースもある。

考え方 4 ブロックのいいプレーヤーを前衛からスタートさせる

前ページで紹介したようにセッターはS1スタートが一般的だが、ブロックが得意なセッターの場合は、前衛（たとえばS4）からスタートさせることもありうる。ただし、そのときのサーバーはいいサーブを打てるということが条件となる。

第 1 章

サーブ戦術

06 サーブで崩すという考え方

▶ 効果的なサーブで優位な展開に持ち込む

　最初のプレーとなるサーブは唯一、能動的に仕掛けることができる攻撃だ。サーブはジャンプサーブのように速度か、あるいはフローターサーブのような変化で効果をもたらす。速度や変化をつけたサーブを使いこなすことで、相手チームを乱すだけでなく、得点につなげることができる。メーカーによってボールの質や感覚が違うので、変化量の多いボールにはジャンプフローターサーブ、少ないボールにはジャンプサーブというようにサーブの種類を変えて打つケースもある。

1 返球しづらいサーブを打つ

変化するサーブ、スピードのあるサーブ、ロングサーブなどを打ち分ける。現在、主流となっているのが、フローターサーブ、ジャンプフローターサーブ、ジャンプサーブの3種類だ。まずはそれぞれのサーブの特徴を捉えておこう。

サーブの種類と特徴

フローターサーブ

基本的には無回転で変化をつけるサーブ。横の推進力と重力との兼ね合いの比率が変わったときに落ちるため、レシーブする者にとってはそれが変化と感じる。またコート後方からロングサーブを打つことで、変化量を多くすることができる。

ジャンプフローターサーブ

ジャンプフローターサーブも普通のフローターサーブ同様、回転がついていないので変化するサーブ。ただし、助走＋ジャンプして打つため球速が上がり、フローターに比べて上から打ち下ろすような軌道を描く。無回転で球速が上がれば上がるほどレシーブは難しくなるのが特徴となる。

ジャンプサーブ

他のサーブに比べてスピード一点勝負。フローターのような不規則な変化はないが、打つときに回転を付けることで軌道が変わる。斜め回転で打つとカーブしたり、シュートになったりする。

020

2 エリアを狙う

サーブで得点を取ることができなくても、相手がレシーブしづらいエリアを狙ってサーブを打つことで、優位な展開に持ち込むことができる。

1 _ サイドライン際
2 _ エンドライン際
3 _ コーナー
4 _ プレーヤー間
5 _ アタックライン付近

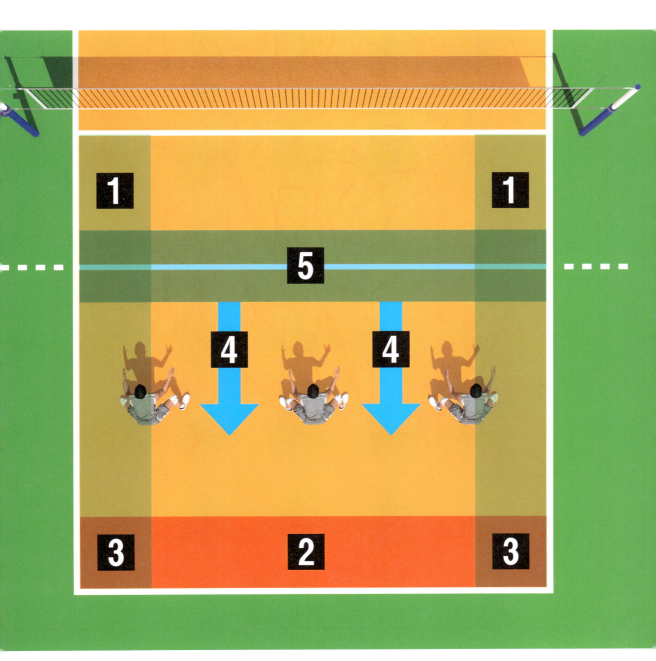

3 人を狙う

▶レセプションの苦手なプレーヤー

データを取ることを前提としたうえで、レセプションがうまくないプレーヤーを狙っていく。ただ、上手ではないパターンにも種類があり、たとえばジャンプサーブ（ドライブ回転）への対応は良いが、フローターサーブ（無回転）の崩れ率が高い、正面から打たれたボールの崩れ率が高い、あるいは、斜めから打たれたボールの崩れ率が高く、オーバーカットが苦手であるなど、細かいデータ収拾が必要。それによってプレーヤーを狙うだけではなく、サーブを打つ位置も考える。

▶主軸となるプレーヤー

レセプションの上手、下手にかかわらず、同じプレーヤーを狙うことで徐々にストレスをかけ、乱していく。とくにポイントゲッターにボールを集めることで、その後のスパイクに影響が出ることも。少し前に落としたり、少し奥に打ち込んだり、球種を変えて圧をかけていくことで、決定的なミスでなくとも、崩す要因となる。

▶前衛でスパイクを打つプレーヤー

前衛でスパイクを打つプレーヤーを狙うと、レセプション後の次のプレーへの動きが遅れたり、プレーに制限をかけたりできる。

▶ミドルブロッカー

ミドルブロッカーにボールをとらせるように打ったり、ミドルブロッカーがクイックに入りづらいような位置に入れたりするのもセオリーの一つ。

4 移動経路を狙う

セッターが出てくるところ、または攻撃の移動経路と思われる場所、または人が密集している場所に打つ。

07 フォーメーションを突く

▶ 人を狙う＋移動経路の複合系

　セッターが出てくるところに打つのは一番のセオリー。またミドルブロッカーやエースアタッカーがいる場所に打つというのも一つの考え方となる。それを合わせてかけ算していくと、フォーメーションを突くという戦略に発展する。6ローテーションある中で、ローテーションごとにどこにサーブを入れると攻撃しづらくなるかを考えてサーブを打とう。

【S1スタートの場合の狙うポイント】

〈攻撃例〉Aクイック→レフト平行・ライト平行

相手にとってやりづらい状況を作るため、セッターがランニングで出てくるところに入れるというのはセオリー。この場合、セッターがボールをとることはないが、セッターの移動とボールが重なり、レセプションしづらくなる。あるいはミドルブロッカー、オポジット、後衛のレフト側のアウトサイドヒッターが密集している場所にサーブを打つ。

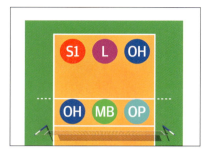

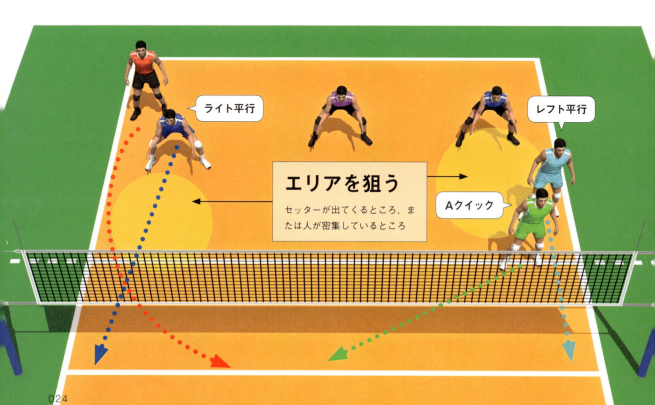

エリアを狙う
セッターが出てくるところ、または人が密集しているところ

【S6スタートの場合の狙うポイント】

〈攻撃例〉 **Aクイック→レフト平行・ライト平行**

この場合、ミドルブロッカーとオポジットが前衛となり、ライト側に密集している。その近くで後衛のセッターがランニングで入る準備をしているため、ここが狙い目となる。また、レセプションに入る前衛のアウトサイドヒッターを狙うのも有効。

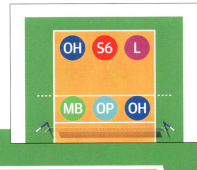

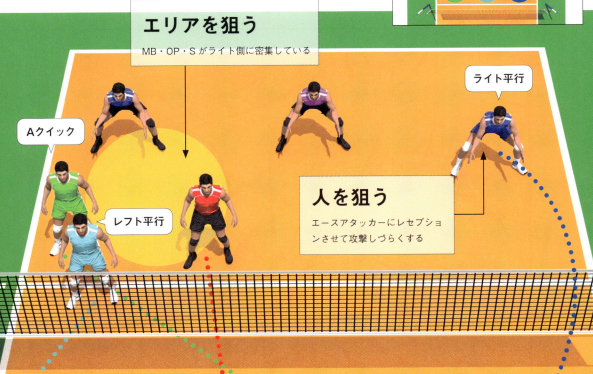

エリアを狙う
MB・OP・Sがライト側に密集している

Aクイック

レフト平行

ライト平行

人を狙う
エースアタッカーにレセプションさせて攻撃しづらくする

volleyball tactics 025

【S5スタートの場合の狙うポイント】

〈攻撃例〉Aクイック→レフト平行・ライト平行

このローテーションの場合、レフト側にミドルブロッカーがいて、その斜め後ろにレセプションに参加するアウトサイドヒッター、さらにセッターもいるので、かなり密集するフォーメーションとなる。またセッターの移動、ミドルブロッカーの移動、アウトサイドヒッターの移動があるのでいくつかの動きが重なるポイントとなる。

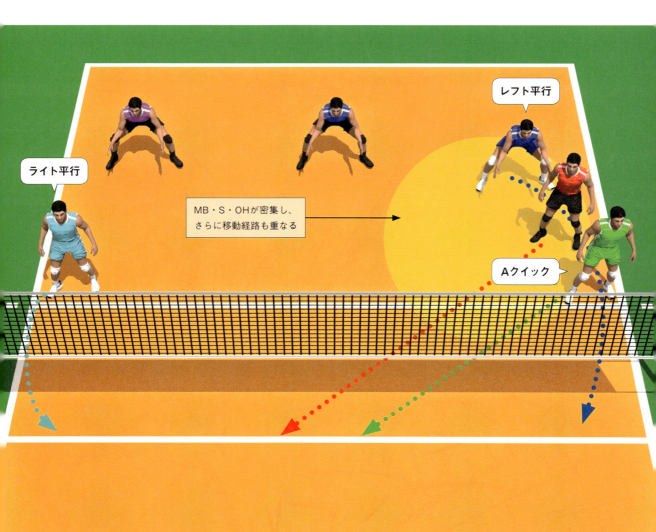

MB・S・OHが密集し、さらに移動経路も重なる

【S4スタートの場合の狙うポイント】

〈攻撃例〉Aクイック→レフト平行・ライトバックアタック

前衛にセッターが上がると、レフト側にセッター、アウトサイドヒッター、ミドルブロッカーの3人が密集しているため、まずはそこを狙う。もし相手チームのオポジットがライトでバックアタックを打つ場合、オポジットの助走経路に打つのも良い。

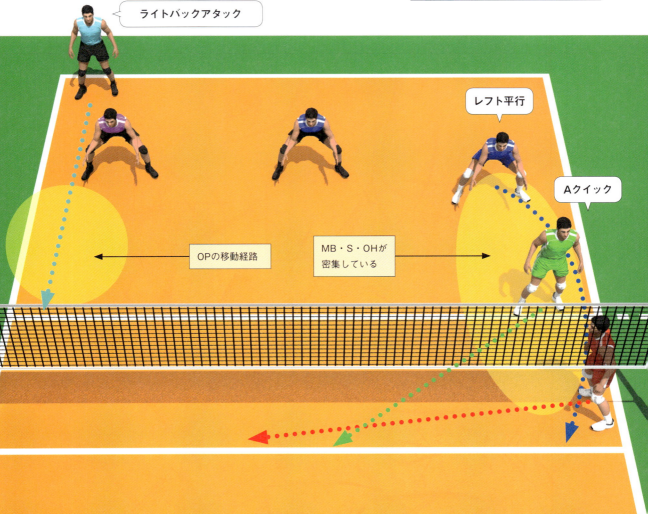

【S3スタートの場合の狙うポイント】

〈攻撃例〉 Aクイック→レフト平行・ライトバックアタック

このローテーションの場合、ライト側にいるミドルブロッカーを狙って、移動をしづらくする、あるいは後衛のアウトサイドヒッターのレセプションをしづらくする。さらにオポジットがいた場合、バックアタックへの移動経路にもなる。

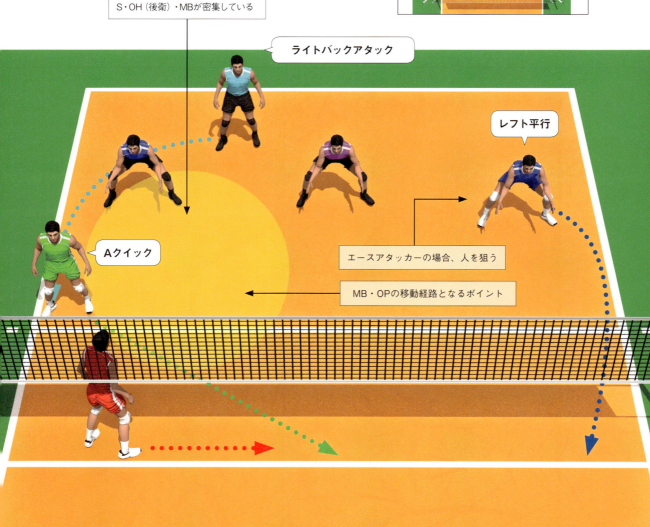

S・OH（後衛）・MBが密集している

ライトバックアタック

レフト平行

Aクイック

エースアタッカーの場合、人を狙う

MB・OPの移動経路となるポイント

【S2スタートの場合の狙うポイント】

〈攻撃例〉Aクイック→レフト平行・ライトバックアタック

前衛のミドルブロッカー、アウトサイドヒッターがレフト側に密集しているため、そこにサーブを入れるのがセオリー。ただしオポジットがライトでバックアタックを打つ場合は、オポジットの移動経路に打つのも良い。

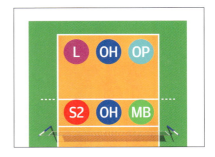

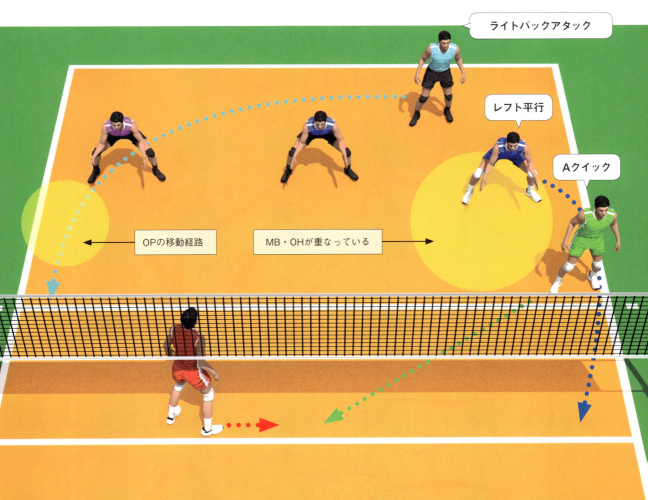

08 相手プレーヤーをゆさぶるサーブ

▶ サーバー対レシーバーの駆け引き

　フォーメーションを突いた戦術のほかに、個人的な技術として、レシーバーが嫌がるサーブでゆさぶりをかけていく方法もある。このような基本中の基本とも言える技術を落とし込んでいくことで、より効果が上がる。

1 角度をつける

　狙うレシーバーの立ち位置とサーブの経路との関係を考える。一般論ではライト側にサーブを入れるとセッターがセットアップしづらい傾向にあるが、ライト側から相手コートのライト側へ対角線にサーブを入れると、レシーバーにとっては、返球に角度をつけずにすむので、ある意味簡単。一方、同じ位置からのサーブで、レフト側に入れた場合はセッターに返すために角度をつけるため、難易度が上がる。レフト側からサーブを打つ場合も同様で、相手コートのレフト側を狙うと、返球に角度をつけずにすむが、ライト側を狙うと角度をつける必要がある。

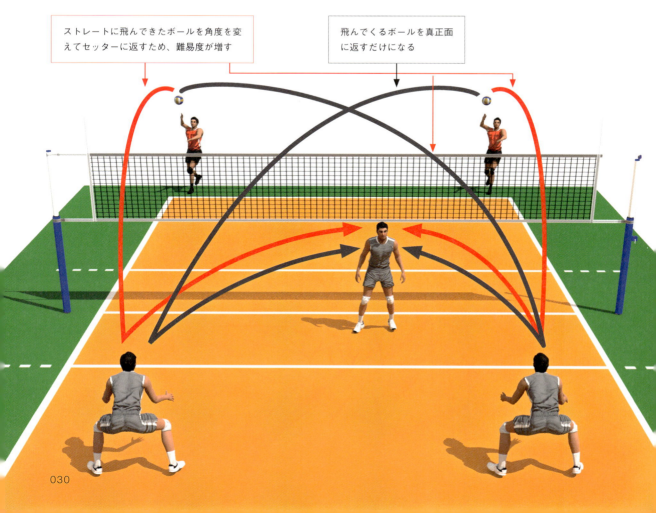

ストレートに飛んできたボールを角度を変えてセッターに返すため、難易度が増す

飛んでくるボールを真正面に返すだけになる

2 前後にゆさぶる

一般的にレシーブラインは、アタックラインとエンドラインの中間くらいとなるが、レシーバーの前や後ろに他のプレーヤーがいるわけではないので、前後に動かされるのは対応しづらい。

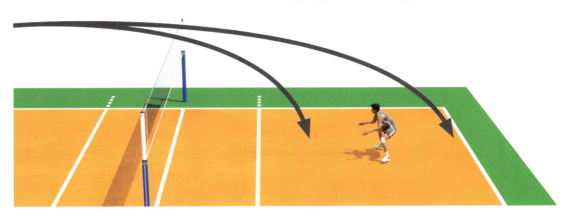

3 球速の落差

ジャンプサーブ、ジャンプフローターサーブなど鋭いサーブで相手を乱す。あるいは野球のピッチャー対バッターの駆け引きのように、直球とチェンジアップを使い分ける。また、あえてチャンスサーブを打ち、クイックを使わせ、読んだ攻撃に対してコミットブロックで止めにいくのも戦術の1つ。

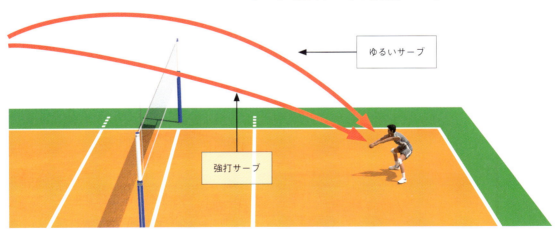

4 ミドルブロッカーの周辺に入れる

前衛のミドルブロッカーにレシーブさせると、レフトやライトにトスする傾向にあるので、そこを読んで対応する。

volleyball tactics 031

第 **2** 章

レセプション戦術

09 レセプションのフォーメーション

● 基本の３人フォーメーションを網羅する

　レセプションは得点を取るプレーではないが、得点を取るための礎となる。トップレベルのレセプションは、アウトサイドヒッター２人とリベロの３人で担当するのが一般的で、レセプションの質は、その後のプレーにいい影響も、悪い影響も及ぼすため、いかにコントロールよく、タイミングよく、リズムよく返球できるかがポイントとなる。また、フォーメーションは自チームのメンバーの力量、攻撃の狙いと、相手のサーバーの力量に合わせて考える必要があり、ここで紹介するすべての要素をつないでいくことが重要だ。

1 オポジットがバックアタックを打つ場合の３人フォーメーション

バックアタック要員を置くことで数的優位を作ることができるフォーメーション。たとえばセッターが前衛に上がって、前衛の攻撃者が２人、相手のブロッカーが３人になったとき、マイナスな状況となる。相手と同等にするためにはバックアタッカーを入れて３対３の状況を作る必要がある。

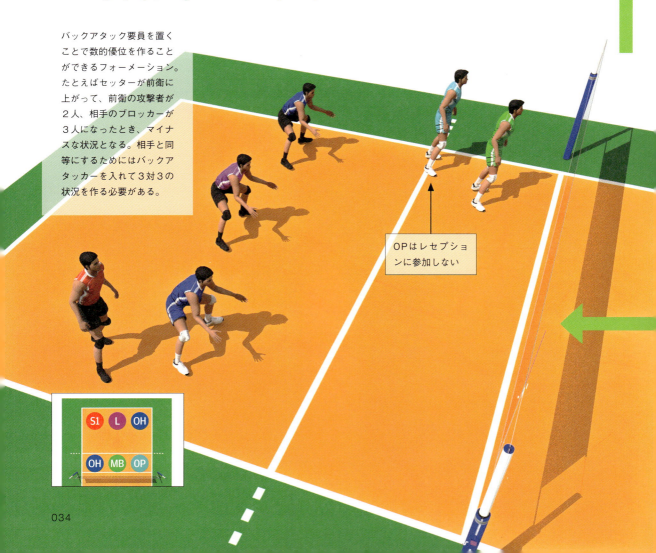

OPはレセプションに参加しない

レシーバーの邪魔にならないフォーメーションを取る

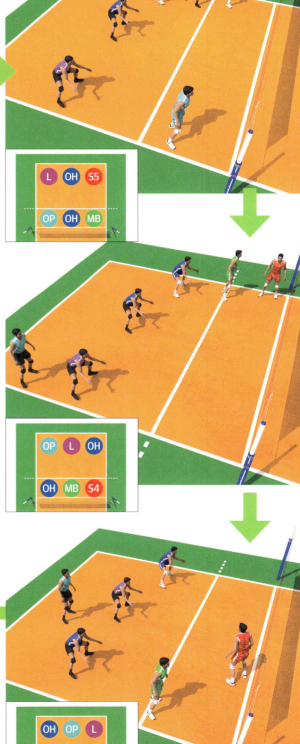

Point
S1、S6、S5、S4のポイント

人が密集しているので、レセプションの邪魔にならないように気をつける。

Point
S4、S3、S2のポイント

OPはレセプションに参加しないので、後衛のときはつねにバックアタックに備える。

volleyball tactics 035

2 前衛のアウトサイドヒッターの負担を減らす 3人フォーメーション（バックアタックなし）

レフトのアウトサイドヒッターが前衛のとき、レセプションに参加させず、スパイクに専念させるというパターン。このケースではライトプレーヤー（オポジット）が前衛のときでもレセプションに参加しなければならないので、レセプションがうまく、スパイクを打てるプレーヤーでなければならない。

OHをレセプションから外し攻撃に専念させる

Point

攻守に長けたOPを入れる

このフォーメーションではオポジットのプレーヤーが通常のアウトサイドヒッターのようにレセプションがうまく、かつレフト、ライト両サイドでまんべんなくスパイクが打てる必要があり、なおかつバックアタックがなくなるので、セッター横のアウトサイドヒッターの前衛での攻撃力がポイントとなる。

レシーバーの邪魔にならないフォーメーションを取る

volleyball tactics 037

3 後衛のアウトサイドヒッターにバックアタックを打たせるための3人フォーメーション

このフォーメーションでは2と同様にオポジットのプレーヤーはレセプションがうまく、レフト、ライト両サイドでの攻撃がまんべんなくできることが要求される。また、アウトサイドのプレーヤー2人がバックアタックが良く打てることが条件となる。

レセプションに参加しないのでバックアタックが打ちやすくなる

> **Point**
>
> ## バックアタックを打てる OHを起用する
>
> このケースではOH2人が攻守に長けているだけでなく、バックアタックを打てることが必要となる。

volleyball tactics 039

10 アウトサイドヒッターが崩れたときの対処法

> ３人フォーメーションを応用して負担減

　通常のフォーメーションの他に、崩れたときの対処法も考えておく必要がある。フォーメーションはローテーションごとに組まれるが、1パターンしかないと崩れたときに逃げ場がなくなるため、1つのローテーションごとに最低でも2つのフォーメーションは練習しておく。つまり、6ローテーションあるので、各ローテーションに2つずつ作れば12フォーメーションを使い分けることができる。またスペースの配分を変えることで、対処する方法もあるので、いろいろなケースを頭に入れておこう。

1 前衛のアウトサイドヒッターのスペースを減らす

アウトサイドヒッターの負担減のためのフォーメーションだが、レセプションが不得意なプレーヤーに対しても応用できる。

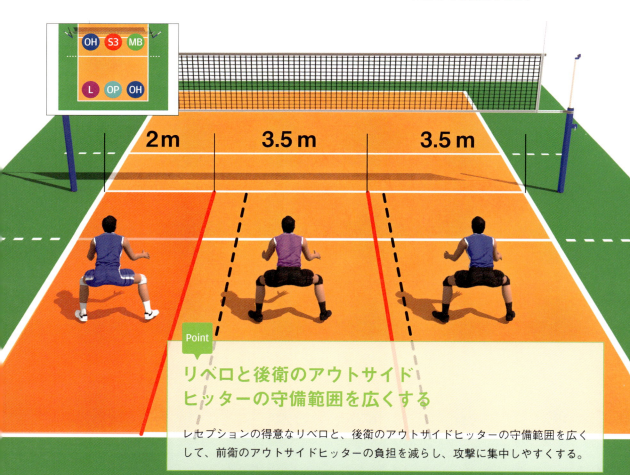

Point

リベロと後衛のアウトサイドヒッターの守備範囲を広くする

レセプションの得意なリベロと、後衛のアウトサイドヒッターの守備範囲を広くして、前衛のアウトサイドヒッターの負担を減らし、攻撃に集中しやすくする。

2 前衛のアウトサイドヒッターをフォーメーションから外してオポジットを入れる（バックアタックなし）

通常はレセプションに参加しないオポジットだが、ある程度レセプションができるプレーヤーだった場合、一時的にアウトサイドヒッターをフォーメーションから外して乗り切る。

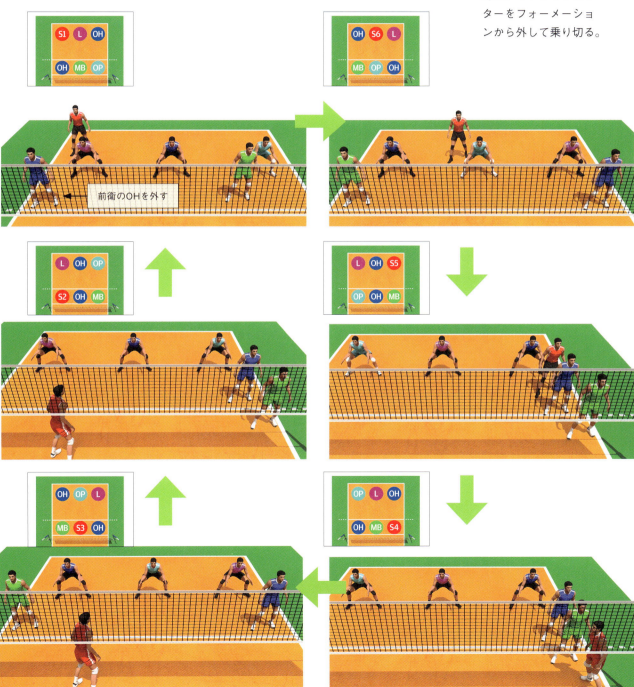

11 オポジットがレフト側から打ちづらい場合の打開策

▶ 打ちやすい場所に移動して攻撃する

セッターがライトバック（S1）からスタートするローテーションの場合、オポジットがレフト、アウトサイドヒッターがライトからのスタートとなる。自分の得意とするポジションから打てないこのローテーションは、前衛の攻撃が3枚あるにもかかわらず、スパイク決定率があまり良くないというデータが出ることが多い。その一因が、オポジットとアウトサイドヒッターの位置が逆転している点にある。攻撃できないわけではないが、ポジションと実際の位置が逆になり攻撃しづらい状況になることがある。とくにオポジットが左利きの場合、レフト側からは打ちづらくなる。ここではその打開策を3パターン紹介する。どのフォーメーションを選ぶのかはプレーヤーの力量に合わせて考えていこう。

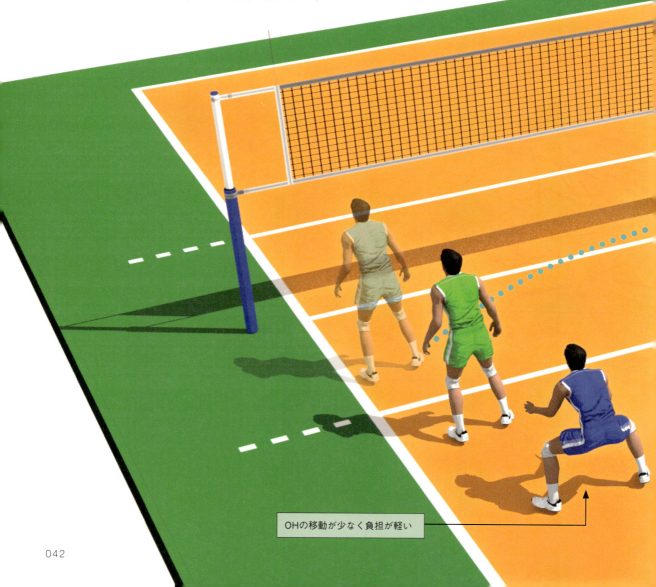

OHの移動が少なく負担が軽い

左利きのオポジットがライト側に移動するフォーメーション ①

check

前衛のOHの負担が最も少ないパターン

左利きのオポジットの移動距離が長くなるフォーメーションのため、負担は重いが、前衛のアウトサイドヒッターはレセプション＆攻撃面での負担が軽くなる。ただし鋭いサーブが入ると移動しきれない場合がある。

OPはランニングセッターの邪魔をしないように速く走り抜けつつ、レセプションの邪魔にもならないようにする

左利きのオポジットがライト側に移動するフォーメーション ②

Point

前衛のOHをセンターに配置する

ポイントは前衛のアウトサイドヒッターが真ん中にいるということ。その分オポジットはコート中央近く位置することができ、移動距離を短くできる。この場合、中央でレシーブするアウトサイドヒッターは、実際にレセプションする率が高いため、このアウトサイドヒッターがレセプションを得意とし、なおかつ斜めにコートの中から外に走って、スパイクが打てるような力量があるというのが前提となる。

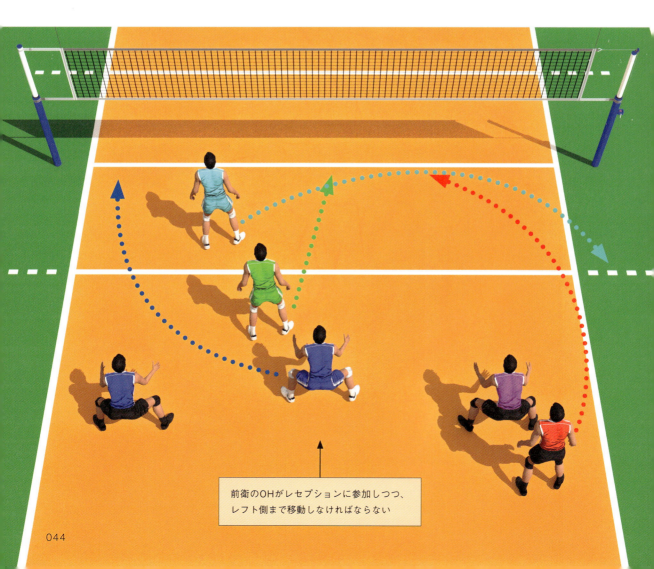

前衛のOHがレセプションに参加しつつ、レフト側まで移動しなければならない

左利きのオポジットがライト側に移動するフォーメーション ③

check

OPの負担が最も少ないパターン

前衛のアウトサイドヒッターがライト側でレセプションをして、前衛のオポジットとミドルブロッカーをライト寄りの配置にするため、左利きのオポジットはライトからの攻撃がしやすくなる。このときミドルブロッカーはライト側からAまたはBクイックに入り、前衛のアウトサイドヒッターはその動きに合わせてレフト側に移動して攻撃する。このケースではミドルブロッカーとアウトサイドヒッターが一緒にレフトサイド（左側に）に動くコンビネーションを作りやすく、オポジットは打ちやすい状況になるというのが特徴。ただし前衛のアウトサイドヒッターはかなりの距離を動かなければいけないので、負担が大きくなる。

OPにとっては一番、ラクなフォーメーションとなるが、人が密集するライトエリアはサーブで狙われることになりやすい

前衛のOHはレセプションしつつ、ライト側からレフト側まで移動できる能力が求められる

デメリット
ライト側に人が密集しているので狙われやすい

12 ビッグサーバー対策

● レセプションの人数を増やすフォーメーション

これまで基本の3人フォーメーションを紹介したが、相手のサーブが速いときは、4人フォーメーションに変更する。その場合は、レセプションから外れていたオポジットを入れて対応する。中高生のレベルで3人フォーメーションが難しい場合は、基本のフォーメーションとして4人フォーメーションを採用したほうが安定する。

4人フォーメーションの6ローテーション（横並び）

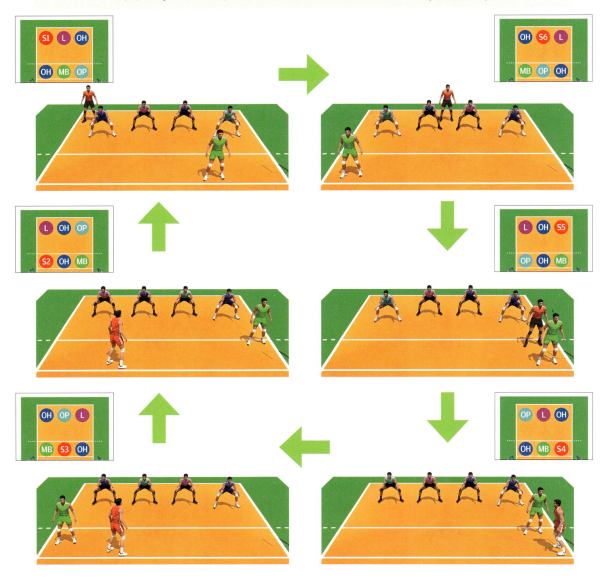

13 攻撃力が高まる2人フォーメーション

▶ プレーヤーの質、相手サーバーの質で判断する

スピードがあるサーブには人数を増やして対応したが、フローターサーブなどの球威のないサーブで、自チームにレシーブがうまいプレーヤーが2人いる場合、2人フォーメーションを取るケースもある。さほど多い例ではないが、2人の場合、通常は後衛のアウトサイドヒッターとリベロがレセプションに入り、前衛のアウトサイドヒッター、オポジットが攻撃に専念する。

2人フォーメーションの6ローテーション

14 S4、S5ローテーションのしのぎ方

● フォーメーション or プレー面での解決策

　セッターが前衛（S4）、または後衛（S5）でレフトサイドから移動してセットアップするローテーションは、サーブの軌道とセッターの移動経路がクロスし、またセッターの走る向きとセットアップする方向が大きく変わるため、トスの精度が落ちてしまう。そのため前衛のアウトサイドヒッターに負担がかかる傾向にある。相手のサーバーもアウトサイドヒッターを狙ってくることが考えられるので、動きが遅れたりして、スパイクの非決定が引き出されやすいのがこのローテーションとなる。この２つの局面をどのように切り抜けるのか。フォーメーションからの解決策、プレー面からの解決策を紹介する。

フォーメーションとしての解決策

1　前衛のOHをフォーメーションから外す（S4、S5）

　セッターがセットアップしやすい方向はレフト側になるが、セッターが移動する方向と、トスを送り出す方向が大きく変わるS4、S5の局面では、トスが乱れやすいため、前衛のアウトサイドヒッターをフォーメーションから外して、かわりにオポジットをレセプションに入れる（P37のS4、S5ローテーションと同じ局面）。そうすると前衛のアウトサイドヒッターはレセプションしたうえでスパイクを打ちにいくという負担がなくなり攻撃に集中でき、多少トスが乱れてもカバーしやすくなる。ただしS4は後衛のオポジットがレセプションのフォーメーションに入るためバックアタックを打つには難しいフォーメーションとなる。

▲オポジットがレセプションに参加し、前衛のアウトサイドヒッターが外れる（S4）

攻撃に集中する

▲S4同様、前衛のアウトサイドヒッターをフォーメーションから外して、オポジットを入れるS5の解決策。このときオポジットは前衛にいるので、S4よりは難易度が低い（S5）

2　人数を増やして対応する（S5）

　通常のレセプションフォーメーションは3人だが、オポジットが入って4人体制のレセプションに変更することで前衛のアウトサイドヒッターの守備範囲を狭くする（P40）方法も選択肢の一つである。

前衛OHの範囲を少なくする

▲オポジットがレセプションに参加し人数を増やす

プレーとしての解決策

1　レセプションを高めに返球する

セッターの移動時間を考えて、レセプションをアンテナの高さぐらいに返して時間的な余裕を作る。

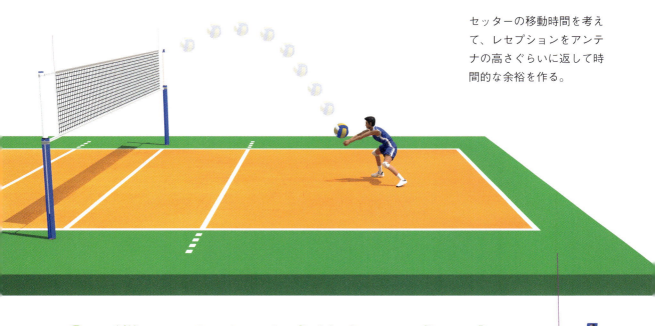

2　縦のBクイックを使えるようにする

多少レセプションが乱れてもミドルブロッカーが縦のBクイックを打てるようにしておくと、コンビネーションを作ることができる。

第 **3** 章

アタック戦術

15 攻撃の種類を理解する

> セットアップからヒットまでの時間と、セッターからの距離

オフェンスには大きく分けて2つの要素がある。一つは自分たちに何ができるかという部分と、あとは相手に対してどうできるかという部分だ。まずは自分たちができることを整理し、それらを組み合わせていき、それぞれのローテーションでどのようなコンビネーションができるかを考えよう。

たとえばミドルブロッカーがAクイックしか打てない場合、そのミドルブロッカーを中心に、アウトサイドヒッターにバリエーションをつけていく。そうすることでコンビネーションが生まれる。そこに絡んでくるのがテンポとなる。テンポとはセットアップからアタックヒットまでの時間のことで、トップレベルでは1stテンポ（クイック）、2ndテンポ（時間差、サイドへの平行、バック

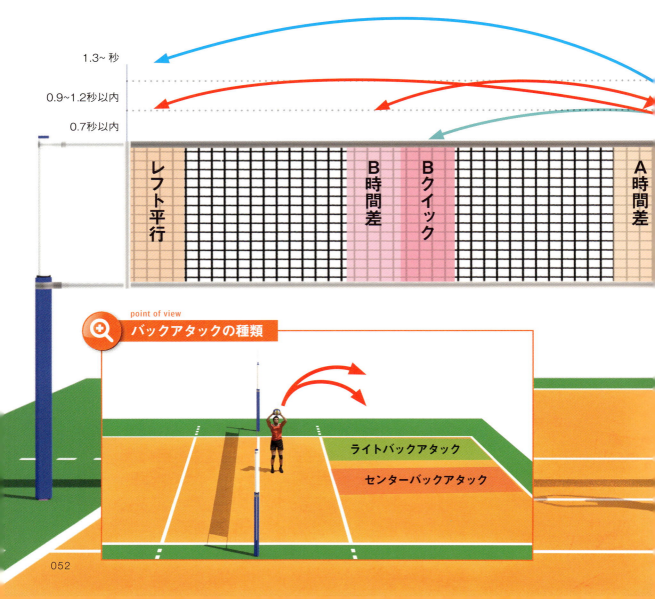

point of view
バックアタックの種類

アタック)、3rdテンポ(オープン攻撃)という呼び方で攻撃の種類を区別している。最近では、1stテンポと2ndテンポの間隔が縮まっており、現代バレーではサイドの平行トス、バックアタックも高速化している。

基本的なテンポのあり方

クイック：1stテンポ

時間差＆平行＆バックアタック：
2ndテンポ

オープン：3rdテンポ

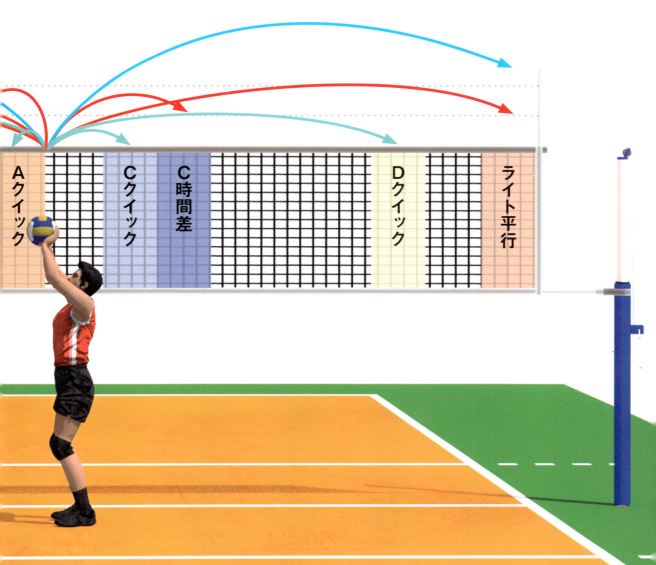

16 助走の入り方① 個人戦術編

移動経路の作り方でブロックをずらす

　アタック戦術は、個人技の部分と、その組み合わせとなるコンビネーションの2つに大別できる。コンビネーションはセッターが考えることが主となるが、その前段として助走の入り方で、相手のディフェンスを崩すことができる。基本は各ポジションのプレーヤーがまっすぐに助走に入り、レフト、センター、ライトの3つのゾーンを使い分けるのだが、助走や移動経路に変化をつけることでブロックの位置をずらし、攻撃しやすい状況を作ることができる。

1 角度をつけて入る

【アウトサイドヒッターの場合】

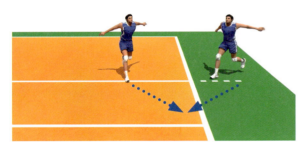

【ミドルブロッカーの場合】

▲ネットに対して垂直に入るだけでなく、角度をつけて中に切れ込んでいく

2 湾曲して入る

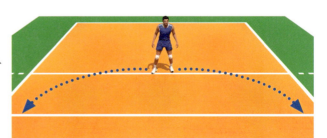

▶コート中央付近から外へ曲線を描くように移動する

3 フェイクを入れる

 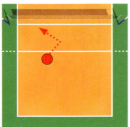  

▲いったん助走に入るフリをして、そこから違う方向に入って相手ブロッカーを惑わす

4 空中で流れながら打つ

▶ジャンプしたあとに流れながら打つことでブロックをはずす

5 一人時間差

▼ステップを一度踏んで相手のブロッカーのタイミングをはずす

6 ブロード攻撃
（ワンレッグ、
Cブロード、
Dブロード）

▶ネットに平行に助走をし、片足踏みきりで打つ

17 助走の入り方② 集団編

○ 助走を組み合わせて、より実戦的な動きを作る

アタッカーはつねに相手ブロッカーと駆け引きをしていかなければいけない。前ページでは個人戦略としての移動経路を紹介したが、集団で移動経路を合わせることでより複雑に、そして実戦的になっていく。この移動経路の組み合わせが、その後の移動攻撃やコンビネーションにつながるので、まずは基本を押さえておこう。

1 パラレル ①

▼レフト、センター、ライトから同時にまっすぐ入る

3つのゾーンを使うのが基本

つねにレフト、センター、ライトの3つのゾーンを使った攻撃を組み立てることで、相手のブロッカーに的を絞らせないようにする。

2　パラレル②

▼アウトサイドヒッターとミドルブロッカーが外から中に平行に入る

3　X型

▼アウトサイドヒッターとミドルブロッカーが交差して入る。ブロッカーにとって2人のスパイカーがクロスして入ってくるため、実際に打つスパイカーの見極めが難しく、どちらかがおとりになる動きとなる

volleyball tactics　057

4 スペースを突く

【パターン①】

▼レフトとセンターの攻撃を寄せてブロッカーを引きつけることで、ライト側のブロックが薄くなりスペースが生まれ、攻撃がしやすくなる

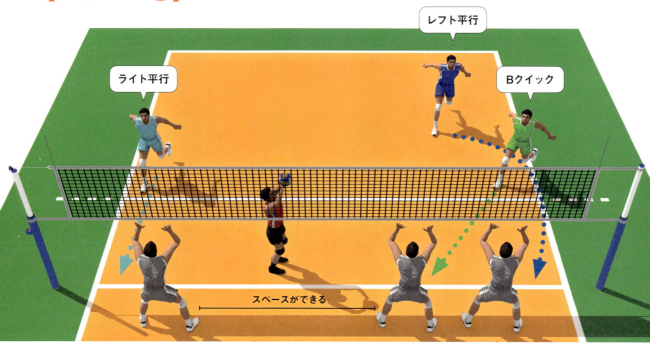

【パターン②】

▼Bクイックに入るMBの背後からOHが中に切れ込んでくるため相手のブロッカーが対応しきれず攻撃が決まりやすくなる

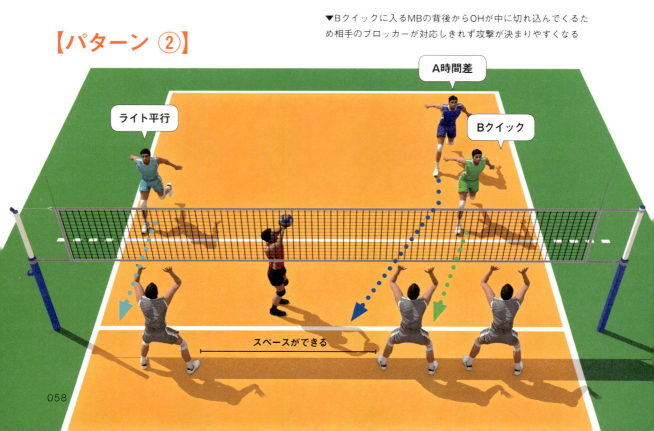

5 相手ブロッカーにすき間を作る

【スプレッド・ブロックの場合】

相手のブロックシフト（P96〜参照）がスプレッドの場合はミドルブロッカーがBクイックに入ると、ちょうど相手のミドルブロッカーとライトブロッカーの間に入っていくことになる。そのとき一瞬、相手のミドルブロッカーとライトブロッカーが気をとられ、オポジットがC時間差に入ればミドルブロッカーとアウトサイドブロッカーの間でスパイクを打てる。仮に相手のライトブロッカーがアウトサイドしか見ていなければ、この間はそのまま有効となる。

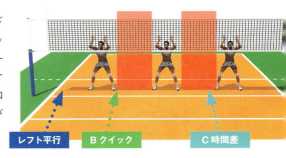

ブロックの間を突く

【バンチ・ブロックの場合】

バンチシフトの場合は、相手ブロッカーが中央に寄っているため、ストレート側があいている。クイックは中に入っていくので、ブロックを中央に引きつけ、両サイドをあけさせる役目ができる。

両サイドのストレート攻撃が有効になる

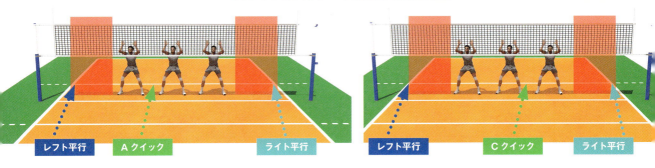

【デディケート・ブロックの場合】

デディケートは片側に寄っているシフトなので、逆サイドのストレートが空きやすいというパターン。デディケートは相手セッターが前衛のときによく用いられる。相手の陣形、ブロックの立ち位置を見て攻撃する場所を考えるというのはベースの考え方の一つだ。

ブロックが薄くなるライト側から打つ

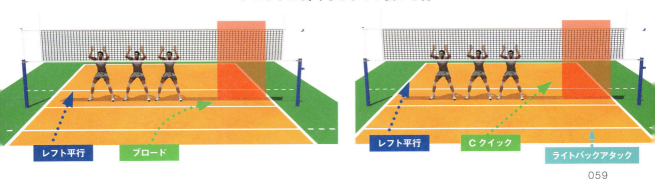

18 攻撃に幅をもたせ、距離を作る

▶ ブロックを割れやすくする

　打たせたいアウトサイドヒッターと、クイックに入るプレーヤーの位置を離すことで攻撃に幅＝距離が生まれる。ミドルブロッカーがクイックに寄ると遠いサイドへは追いつけなくなるため、クイック（1stテンポ）と平行トス（2ndテンポ）の基本的なコンビネーションを作ることができる。最近はリードブロック（トスについていくブロック。詳しくはP 98〜101参照）が主流なので、サイドの攻撃が遅いとリードブロックで追いつかれてしまう可能性がある。そのため、サイド攻撃にもある程度の速さが求められるようになってきた。

1　ライト平行を使いたい場合

▼Aクイックより、Bクイックにミドルブロッカーが入ることで、相手のミドルブロッカーはレフト側に反応。そうすることでライト側への距離があくので、ブロックに入りづらくなる

Point

コートの幅を目一杯使う

パラレルなスパイカーの入りから、両サイドがストレートに打つことでさらに効果が増す。

2 レフト平行を使いたい場合

▼AクイックやBクイックを使わず、Cクイックにミドルブロッカーが入ることで、レフト側への距離をあける

Cクイックに相手のMBが反応しているかをよく見る

レフト平行　　Cクイック　　ライト平行

point of view
セッターの視野

▲完全なリードブロックだとBクイックにすら反応しない場合もある。そのときは逆にBクイックやCクイックを使えばいい。相手のミドルブロッカーがどう動いているか、何を狙って待っているかを見極める

Point

セッターのツーアタックは有効的

最近はリードブロックが主流だが、セッターがツーアタックを打てると相手のミドルブロッカーはツーアタックを警戒してBクイックへの対応が遅れる可能性が出てくる。つまりセッターのツーアタックはミドルブロッカーのマーク、その判断を難しくさせる要因となり、セッターから離れた場所の攻撃が活きやすくなる。

19 レセプションからのコンビネーション ①

▶ セッターがバックセンター（S6）スタートからの展開例

レセプションからの攻撃は、サイン交換をして、ある程度、能動的に仕掛けられる攻撃だ。組み立てのパターンで一番決まるだろう、というところにセッターがセットアップしていくことになるのだが、レフト、センター、ライトの3つのゾーンを使い分けることが基本となる。つまりミドルブロッカーはセンターゾーンでのクイックを担当し、アウトサイドヒッターはレフトゾーン、オポジットはライトゾーン（あるいはバックアタック）となる。まずはゾーンの1stテンポの攻撃を安定して使えるようにすることが第一条件だが、次の段階ではサイドの攻撃を絡めてコンビネーションを作っていくことで、相手ブロッカーは読みづらくなってくる。サイドの平行トスが遅いと、ブロッカーが追いつくことができるので、トップレベルではサイドの平行トスが速くなってきているというのが現状だ。ここではセッターがバックセンター（S6）スタートからの展開例を3パターン紹介する。

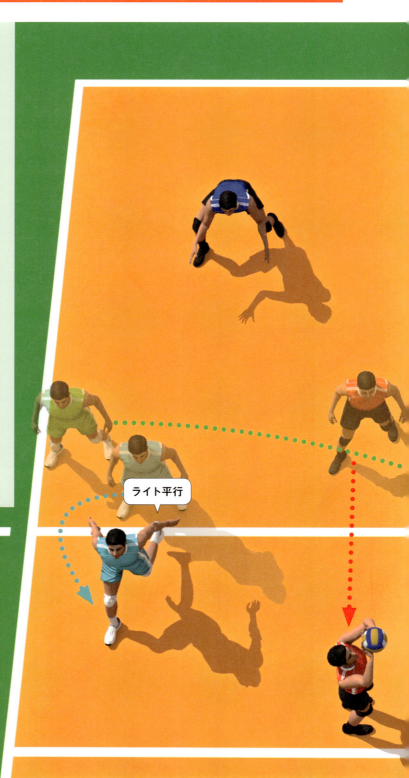

▶アウトサイドヒッターがAの時間差に入り、ミドルブロッカーはBクイックに入る。BクイックとAの時間差を交差させることでブロッカーを惑わせる。クイックと時間差の動きにミドルブロッカーがつられるとライト平行が活きてくる

ライト平行

1　Bクイック→A時間差→ライト平行

2　Cクイック→A時間差→レフト平行

▶ミドルブロッカーがCクイックに入って、オポジットが少し後ろから付いていくような動きをしてから横に出てAの時間差に入る。交差はしていないが、経路が絡むため、相手のミドルブロッカーをライト方向に引きつけることになる。そのため、Aの時間差だけでなく、レフト平行が打ちやすくなる

交差はしないが相手ブロッカーを引きつける効果あり

Cクイック

3　Cクイック→C時間差→レフト平行

▶ミドルブロッカーがCクイックに入って、オポジットは前ページと同様の動き出しから切りかえてCの時間差に入る。ライト側の攻撃を厚くすることで、レフト平行との距離を作ることができる

20 レセプションからのコンビネーション ②

▶ セッターがバックレフト（S5）スタートからの展開例

人をクロスさせる移動攻撃パターンを作ることで、相手のミドルブロッカーを惑わすことができる。バレーボールには6ローテーションあるため、それぞれの局面から無数の移動攻撃が考えられるが、ここではセッターの移動距離が一番あり、難易度が高いとされる、セッターが後衛レフト（S5）のローテーションの展開例を一部紹介する。

▶ミドルブロッカーがレフト側にいるとき、前衛のアウトサイドヒッターと絡むパターン。たとえばミドルブロッカーがBクイックに入ってアウトサイドヒッターがBクイックの経路に交差してBの時間差に入る。レフト側に攻撃が集中するため、オポジットのライト平行にミドルブロッカーがつきづらくなる

ライト平行

1　Bクイック→B時間差→ライト平行

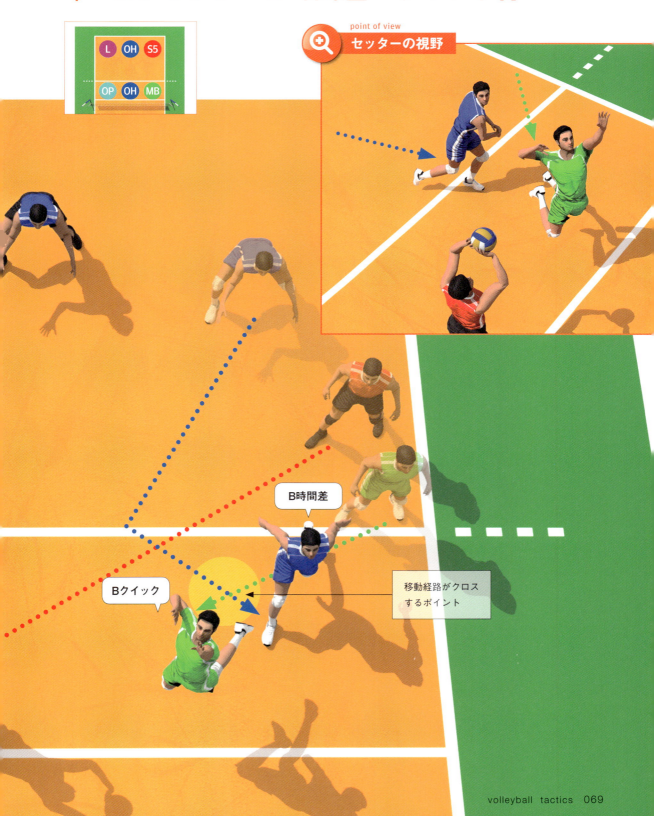

2 Bクイック→A時間差→ライト平行

▶ミドルブロッカーがレフト側からBクイックに入って、レフトにいるプレーヤーがレフト平行を打ちにいく助走から経路を変えて中に入り、Aの時間差を打つ。1同様レフト側に攻撃が集中するためオポジットのライト平行にはブロッカーがつきづらい

3　Bクイック→ライト平行・レフト平行

▶このパターンもレフト側にいるミドルブロッカーがBクイックに入って、アウトサイドヒッターはBクイックの中に入るようなフリをして、そこから外に出ていき、レフト平行を打つ。この助走経路を交差させることでライト平行のブロックは薄くなる

ライト平行

21 オーバーナンバーの作り方 ①

▶ 前衛スパイカーが３人の場合（Ｓ１、Ｓ６、Ｓ５）

アタック戦術は、攻撃者の人数をいかに増やすかというのがポイントとなる。ブロッカーは３人しかいないので、攻撃者が４人に増えれば、この時点でオーバーナンバー（数的優位）を作ることができる。これはボールゲームの基本戦術で、前衛スパイカーが３人のときに重要となってくるのがバックアタックだ。バックアタックを取り入れることで、オーバーナンバーな状況ができ、攻撃を優位に進めることができる。

▶ミドルブロッカーが前衛のレフト側にいるので、たとえばＡクイックに入る。前衛のアウトサイドヒッターがライト側でレセプションし、そのままライト平行に。オポジットはレセプションに参加せずにレフト側で備え、レフト平行に入る。後衛のアウトサイドヒッターはレフト側でレセプションし、センターのバックアタックに入っていく

レフト平行

point of view

🔍 相手コートからの視野

【S1からの展開例】

1　Aクイック→レフト平行・ライト平行・センターバックアタック

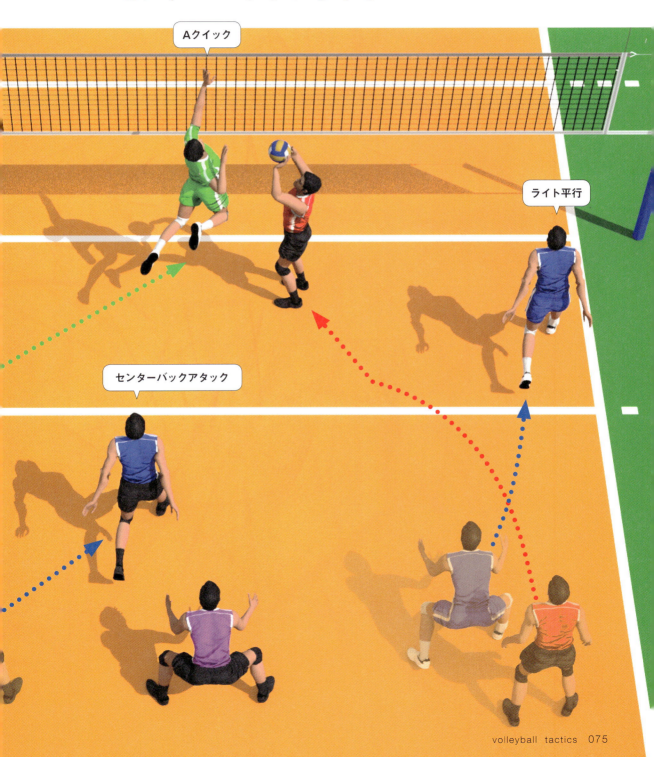

【S6からの展開例】

2　Bクイック→レフト平行・ライト平行・センターバックアタック

▶ライト側にいるミドルブロッカーがBクイックに入る。レフトのアウトサイドヒッターはそこからレフト平行に入って、オポジットはライト側にまわりこんでライト平行を打つ。後衛のアウトサイドヒッターがライト側でレセプションしているので、このプレーヤーがセンターのバックアタックに入ってくる

point of view
相手コートからの視野

レフト平行

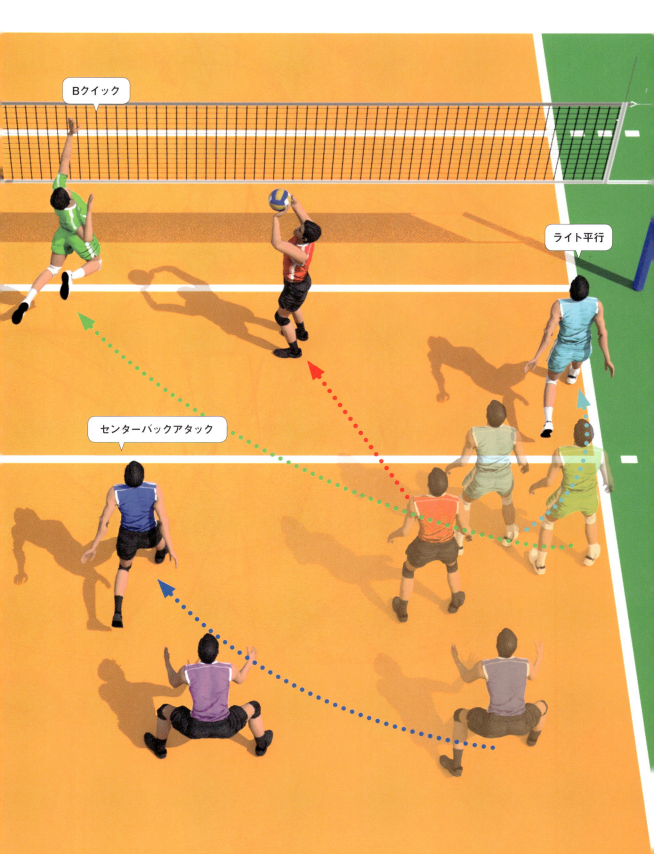

【S5からの展開例】

3　Aクイック→レフト平行・ライト平行・センターバックアタック

▶ミドルブロッカーがAクイックに入り、ライト側にいるオポジットがそのままライト平行に入る。レフトにいるアウトサイドヒッターはレフト平行に入り、ここでレセプションに参加している後衛のアウトサイドヒッターがセンターゾーンでバックアタックを打つというパターン

point of view
相手コートからの視野

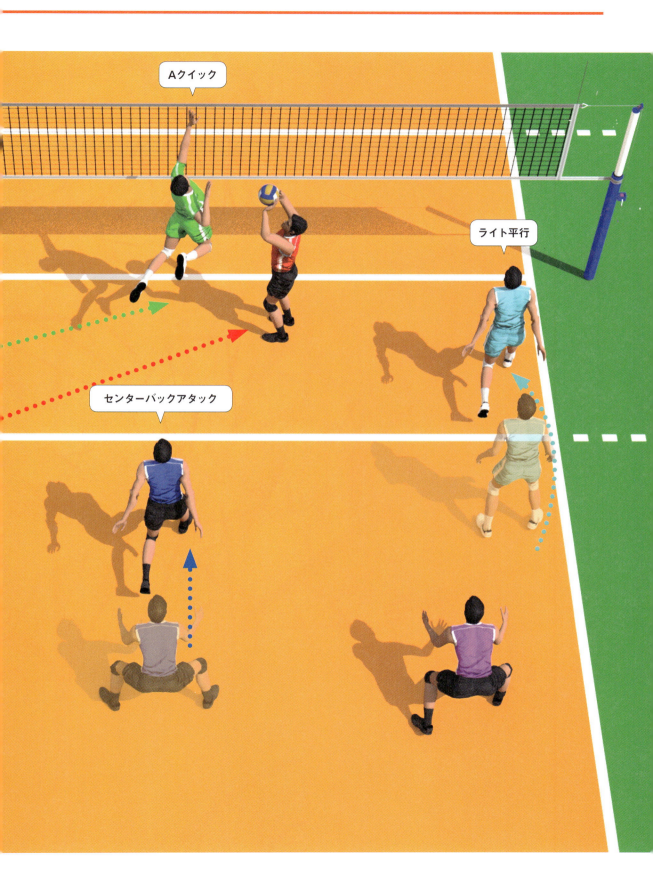

22 オーバーナンバーの作り方 ②

▶ 前衛スパイカーが2人の場合（S4、S3、S2）

バレーボールにはローテーションがあるため、セッターが前衛にいる3ローテーション（S4、S3、S2）は、フロントゾーン内で攻撃できるプレーヤーが2人となる。相手ブロッカーは3人いるので、戦況としては不利といえる。セッターがツーアタックを打つという方法もあるが、この場合、さらにバックアタックが打てるプレーヤーを2人置くことで、オーバーナンバーな状況を作ることができる。いずれにせよ、数的優位をどう作るかがアタック戦術の鍵を握ることとなる。

▶セッターが前衛に上がった場合（S4）、レフト側のアウトサイドヒッターは、ローテーション的には前衛のライトの位置となるため、前衛3枚をコートの左寄せにしてある状況。セッターは前衛のレフト側にいるので、ミドルブロッカーはそのそばに備える。ここからミドルブロッカーはBクイックに入る。レフトにいる前衛のアウトサイドヒッターはレフト平行を打つ。このときにセンターからライト側にかけての攻撃がないので、オポジットがライトからのバックアタックに備える。さらに後衛のアウトサイドヒッターがセンターからのバックアタックを打つ。アウトサイドヒッターはレセプションに参加しながらバックアタックも打たないといけないため、負担は大きい

point of view
相手コートからの視野

レフト平行

【S4からの展開例】

1　Bクイック→レフト平行・ライトバックアタック・センターバックアタック

【S3からの展開例】

2 Aクイック→
レフト平行・
ライトバックアタック・
センターバックアタック

▶ライト側のミドルブロッカーがAクイックに入る。レフト側にはアウトサイドヒッターがいるので、レフト平行をそのまま打つ。オポジットは後衛のセンターからのスタートでライトからのバックアタックに入る。後衛のアウトサイドヒッターはライト側でレセプションに参加したあと、センターに移動しバックアタックを打つ

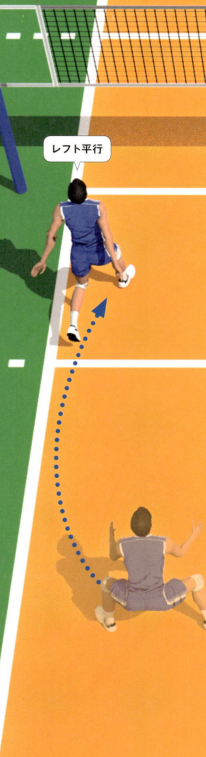

レフト平行

point of view
相手コートからの視野

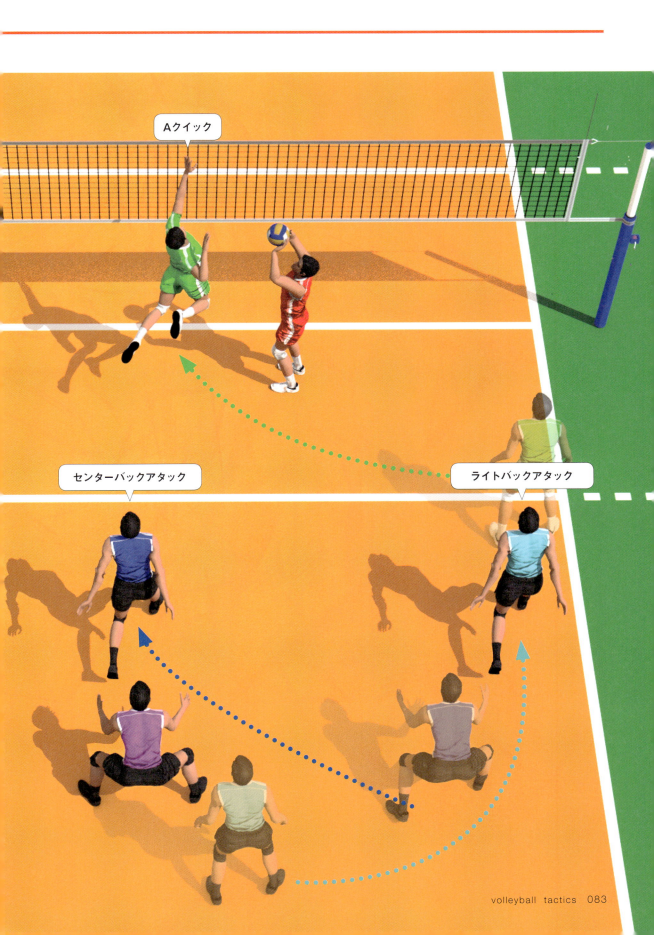

volleyball tactics 083

【S2からの展開例】

3　Bクイック→レフト平行・ライトバックアタック・センターバックアタック

レフト平行

▶セッターが前衛のライトの場合（S2）、前衛のミドルブロッカーがレフト側にいるので、そのままBクイックに入る。レフト側でレセプションしている前衛のアウトサイドヒッターはレフト平行に入る。後衛のレフト側にいるオポジットはここからライト側に移動してライトバックアタックを打つ。センターでレセプションしている後衛のアウトサイドヒッターはセンターからのバックアタックを打つ

point of view
相手コートからの視野

084

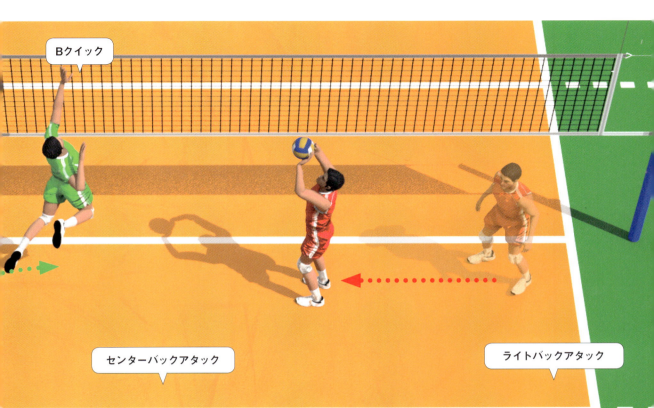

23 状況別トスが乱れたときの対処法

打ち切れないときにどうするか？

セットアップされたボールが打ち切れない場合、どのように乗り切るかは個人の判断に託される。ミスなく相手コートに返すことが第一条件だが、人を狙う場合はセッターやミドルブロッカーのところに返すのがセオリーとなる。あるいはミドルブロッカーがネットから離れた場合はネット際に落としたり、スペースを狙うのであれば、ライト側に返すことで相手セッターがセットアップしづらい状況を作ったりする。トスが乱れたときのさまざまな対処法を覚えておこう。

Point
リバウンドをもらう

相手コートに返球することが第一だが、ブロックに当てて処理するのであれば、コートの外へボールが出るようにする。あるいは自チームに返るようにして（リバウンド）、レシーブからの攻め直しにつなげる。

【ネットに近いとき】

▲相手ブロックを利用して、あえてブロックに当てて、リバウンドをもらう。自分の体勢が崩れて打ち切れないときにも使える

【トスが長いとき】

▶ストレートがあいているときはストレートコースに打つ。あるいは相手ブロッカーの右腕に当ててブロックアウトを狙う

ストレートコースに打つ

右腕に当ててブロックアウトを狙う

【トスが短いとき】

▶トスの落下位置に素早く入る。このときブロッカーは通常のトス位置に跳んでいることが多いので、図のようにスパイカーに対してブロックがズレた状況ができる

通常のトスの助走経路

【ネットから離れたとき】

▼思い切り打てない状況なので、ハーフスピードでブロックに当たらないようにして、コートのあいているスペースを狙う

check

スパイクで攻撃できない場合

ただ相手コートに返すのではなく、相手のコンビネーションを成立させないように人（セッター、ミドルブロッカー）や、スペース（空いているところやライト側）を狙う。ダイレクトスパイクを打たれないように注意。

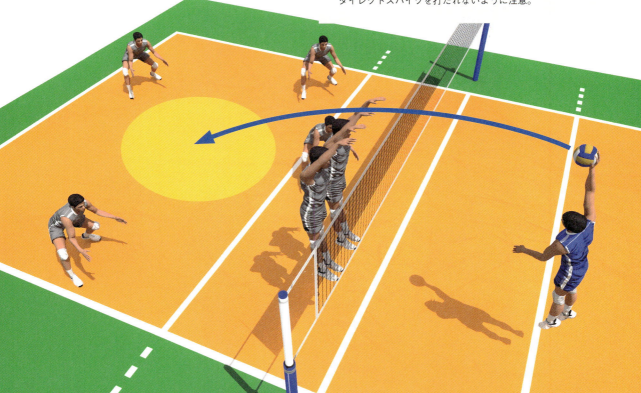

24 アウトサイドヒッターのための個人戦術

● 相手ブロッカーとの駆け引きに勝つ

　これまでコンビネーション（チーム戦術）の話を中心にしてきたが、最終的にスパイクを打つのは一人だ。その瞬間は、相手ブロッカーとの駆け引き＆どう打ちにいくかという問題を個人で考えなければならない。そのため、ここで紹介する個人技はアウトサイドヒッターとして最低限、頭に入れておく必要がある。

1 空中姿勢で相手ブロッカーを惑わす

▲クロスの方向を向きつつストレートに打つ

▲ストレートの方向に向きつつクロスに打つ

2　ブロックアウトを狙う

▼ブロックを利用して外に出す。トスが近いとき、あるいはブロックが完成しているときに使える

① 強打でブロックアウトを狙う
強打でブロックをはじいてブロックアウトやレシーバーが追えないところへボールを飛ばすことを狙う

② 強打・軟打でブロックアウトを狙う
腕の外側に当てて、自身または相手コートの横へボールをはじき出す

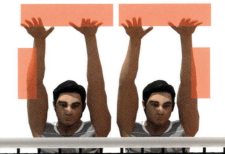

point of view
アタッカーの視野

▶ブロックアウトを狙う場合は、相手ブロッカーの指先、前腕を狙う。トスが離れたときにも使える

volleyball tactics　089

3　ブロックの間を狙う

フォーメーションの穴を狙う
相手のフォーメーションがわかっていればあいているところに落としていく。

▲相手ブロッカーの間があいているとき、そこに打つことでスパイクが抜けていく。もしどちらかのブロッカーの手に当たっても、ボールにイレギュラーな角度がつき、ディフェンスしにくくなる

Point
フェイントやタッチを使う
空いているスペースを狙うのに有効なのが、フェイントとタッチ。フェイントでブロックの真後ろや横にボールを落としたり、タッチでアタックライン付近のコート中央から後ろを突いたりしていく。ただしその動作が相手に見破られないようにする必要がある。

ブロックを外したコース打ち
インナー打ちは右肩の外側でボールをヒット。ストレート打ちの場合は右肩の前あたりでボールをヒットする。

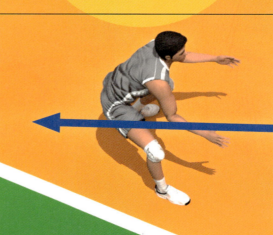

4 スペースを突く(フェイントありのフォーメーションの場合)

point of view
アタッカーの視野

ブロックを外しコースへ

volleyball tactics 091

25 ミドルブロッカーのための個人戦術

● 左右への打ち分けは必須条件

　ミドルブロッカーは、コートの中央付近から左右に打ち分けられる技術が必要となる。体の向きが片方に向きすぎていると逆サイドに打ちづらくなるので、空中でボールをヒットするときにはネットに正対することが基本となる。とくに体が完全にセッターに向いて入っていくのはNG。フェイントはできるが、広角には打ちづらくなるので気をつけるように。

1 ブロックを外す

▶左右に打ち分けてブロックをかわしていく

2 入り方を工夫する

▶まっすぐ入ることで左右への打ち分けが可能。ブロッカーとしては絞りにくくなる。あるいはあえて、ネットに対して鋭角に入っていくことで相手が攻撃位置をとらえづらくする

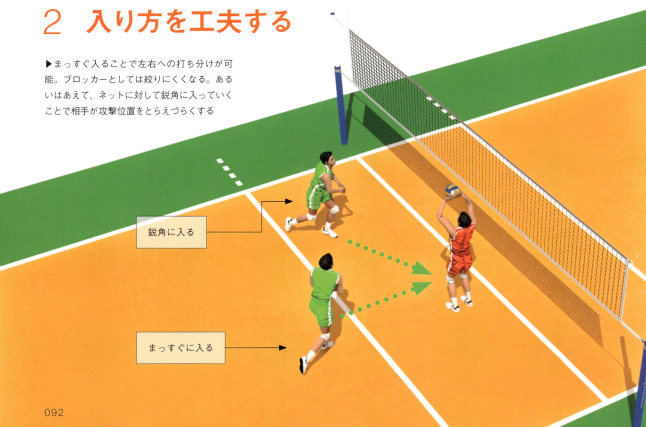

鋭角に入る

まっすぐに入る

3　踏み切ったあとに空中で流れる

▼鋭角に入るパターンの発展系で、ジャンプのあと空中で流れて打つと、ヒットする位置がずれるため、ブロックしづらい

4　一人時間差

▲踏み込んだあと、タイミングをずらしてジャンプする

5　ブロックアウト

▶相手ブロックを利用してボールをコートの外に出す

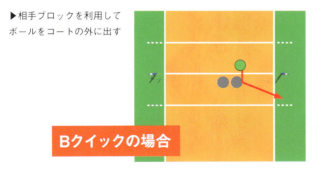

Bクイックの場合

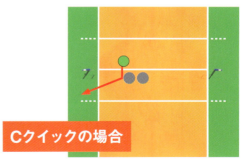

Cクイックの場合

volleyball tactics　093

第 4 章

トータル
ディフェンス

26 目的によって変わるブロック・シフト

● 基本的なスタートポジション

　ブロック戦術を大別すると、配置と追い方に分けることができる。基本的なスタートの立ち位置は3つあり、中央に3人が寄っているのをバンチ・シフト、均等に広がって立つ感じになるのがスプレッド・シフト、片方へ立ち位置を寄せるのをデディケート・シフトと呼ぶ。この3つの配置を、狙いによって使い分ける。

1　バンチ・シフト（3人が中央に寄る）

▼中央攻撃に対応しやすい

2 スプレッド・シフト（3人の間が均等に離れている）

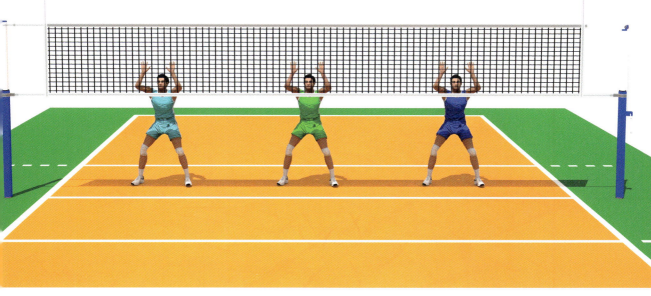

▲サイドの攻撃が強力である場合、あるいはサイドの平行トスが速い場合などに使うマンツーマンのブロック戦術

3 デディケート・シフト（左右のどちらかに3人が寄っている）

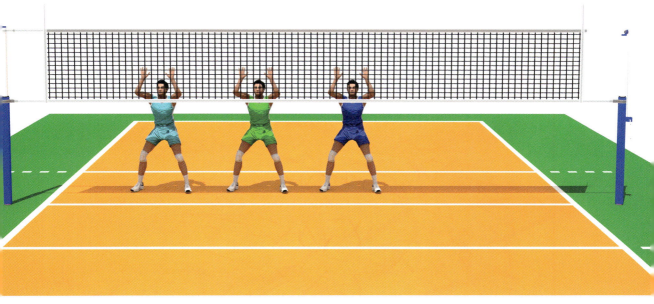

▲レフト側、ライト側に偏った攻撃が考えられる場合に使う

27 ブロックの追い方

● リード・ブロックが最近の主流

　ブロックの追い方にはリード・ブロック、コミット・ブロック、スタック・ブロックなどがある。世界標準のブロックは、トスを見て、上がったところにブロックにいくというリード・ブロックが主流だ。ブロックをシステム化すると、P 96〜97で紹介した配置（シフト）に、ここで紹介する追い方を組み合わせていくことになる。

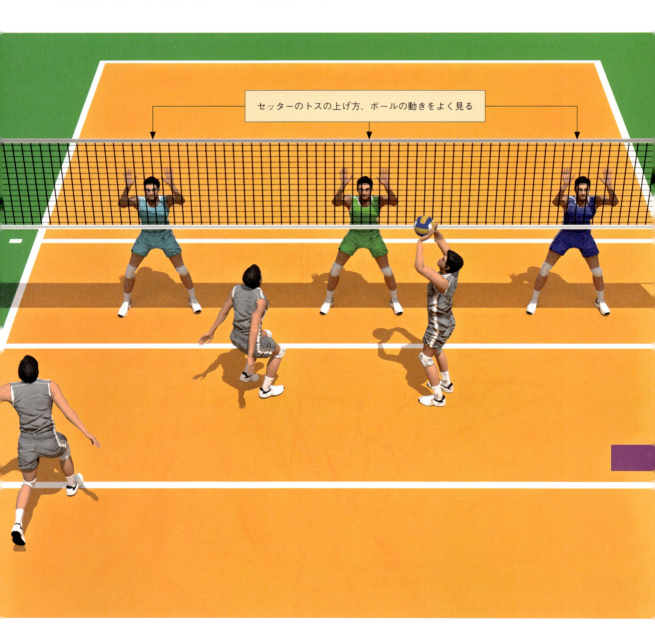

セッターのトスの上げ方、ボールの動きをよく見る

1 リード・ブロック

【トスを追って跳ぶ】

セットアップに反応するので、その前に起こっている事象に右往左往しない。世界標準の追い方だ。

Point

ブロックの狙いによって準備の仕方を変える

ステイ：定位置で構えトスを追う。
アジャスト：ミドルブロッカーが相手のクイックを打つプレーヤーの入ってきた位置に動く。
リリース：バンチ・シフトで1人のブロッカーを相手のサイドプレーヤーに配置する。このプレーヤーはミドルブロッカーから離れるのでクイックにつけなくなる。

スパイカーの動きに惑わされず、ボールの軌道を追って動き出す

2 コミット・ブロック

【最初からそれぞれの攻撃者に反応する】

アタッカーに対して反応する跳び方で、マンツーマンとも呼ぶ。おもにクイックに対して用いられる。

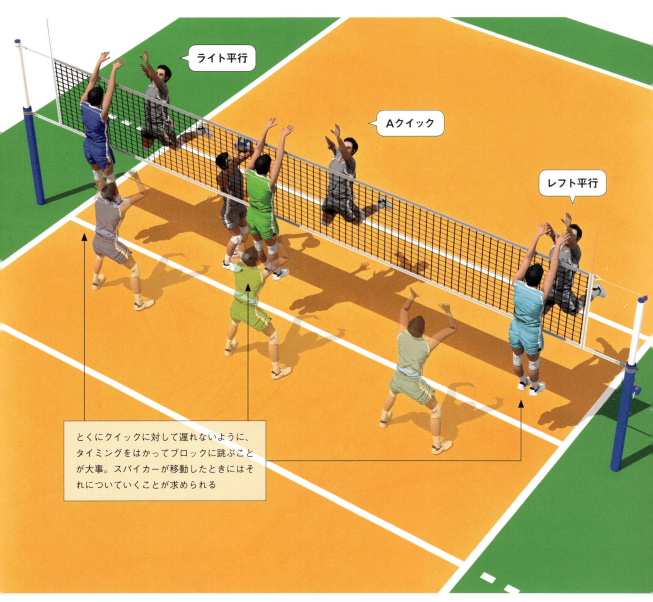

とくにクイックに対して遅れないように、タイミングをはかってブロックに跳ぶことが大事。スパイカーが移動したときにはそれについていくことが求められる

▲自分の目の前のプレーヤーの攻撃に対応する

3 スタック・ブロック
【横のブロッカーを越えて、移動する】

たとえばAクイックに入ってきたプレーヤーに、真ん中のミドルブロッカーが反応した場合、B時間差に入ってきた攻撃に対して、1人しか跳びにいけないことになる。こういうときに、レフト側のブロッカーがミドルブロッカーを越えて対応する。あるいはセッターとのブロックチェンジ（P104~参照）としても使える。

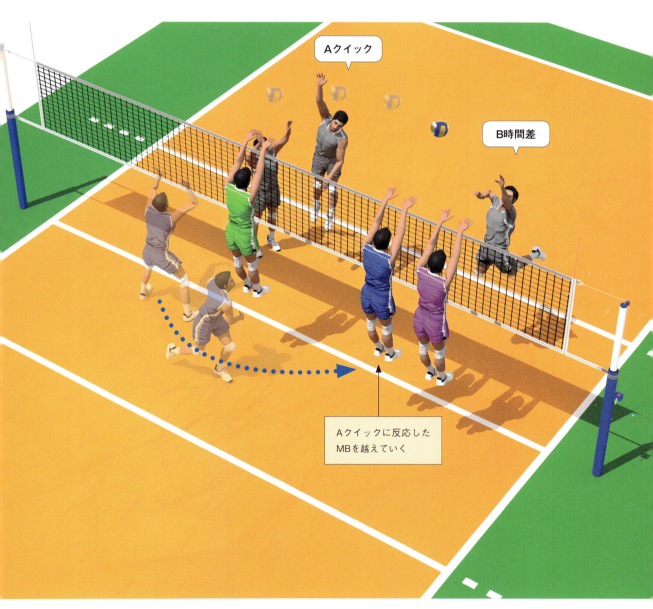

▲レフト側にいたプレーヤーがミドルブロッカーを越えて、相手のB時間差に反応する

28 ブロックの個人戦術

● **最終的にはアタッカーとの駆け引き
どこまで相手を予測できるか**

　配置と追い方の組み合わせに、プラス付け加えたいのが個人戦術である。追い方まではセッターとの駆け引きで、最終局面はスパイカーとの1対1の駆け引きとなる。どこまで相手を読みきれるかがポイントとなる。

1　ワイパー

相手スパイカーが打つ方向に、空中で手を動かして止めにいく技術。1回きりの戦術としても使われるが、戦略的に最初は打たせたい方向に打たせておいて、ゲームの途中で手を動かしてそのコースを止めにいくようなパターンもある。

▼車のワイパーのように空中で腕を動かして、スパイクを止めにいく

102

2 セッターを惑わす立ち位置に入る

ブロッカーの位置を少しずらしオープンスペースを作り、トスを誘導する方法。ただしブロッカーにはワンステップで止めにいく、あるいは素早く移動していく技術が必要となってくる。

> **Point**
>
> ### ミドルブロッカーは視野を広く
>
> 基本的にミドルブロッカーは自分が一番対応しなければいけないプレーヤーを見ているが、リード・ブロックの場合はセッターを見ないとボールの出どころがわからないので、かなり視野を広く持たなければならない。

セッターがトスアップする際に、わざと見えるように、立ち位置を左右に少しずらして、オープンスペースをあえて作り、そこにトスさせブロックを狙う

29 セッターが前衛のときのブロックチェンジ

▶ ストレートを狙われたときの対処法

チームの中でセッターの身長がスパイカーに比べ低いことはよくあるケースだが、そのセッターも前衛のときはライト側のブロッカーとして跳ばなければならない。相手スパイカーからすると、そこだけブロックが低くなるので、狙ってストレートに打ってくるだろう。あまりこのパターンが続いてブレイクできないときは、ミドルブロッカーをスタック・ブロックで追わせて対処するという方法がある。あるいは、セッターを逆サイドに移動させて、レフトのプレーヤーがセッターの位置に来て、アウトサイドヒッターとミドルブロッカーでブロックに跳ぶというパターンもある。

1 ミドルブロッカーがセッターを越えていく

ストレートばかり狙ってくる

MBがスタック・ブロックでストレート側に入る

Point

相手に気づかれないようにする

配置のチェンジが相手にわかると、相手も「センターからのクイックやバックアタックを打てばいい」と戦略を変えてくる場合がある。大事なのは、このスイッチをいかにバレないようにやるか、だ。勝負どころのみで仕掛けるのか、ブレイクするまで続けるのか。相手チームとの騙し合いでもある。

2 セッターをブロックからはずす

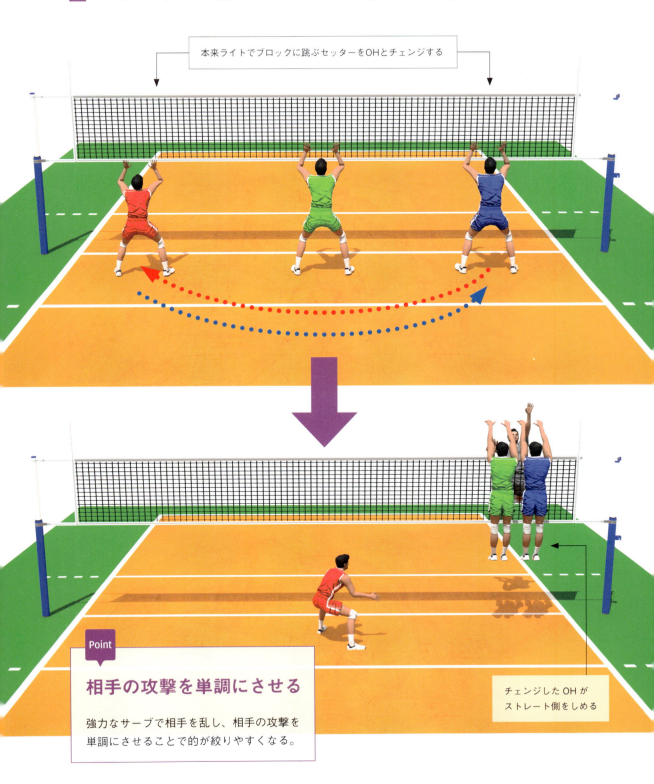

本来ライトでブロックに跳ぶセッターをOHとチェンジする

Point

相手の攻撃を単調にさせる

強力なサーブで相手を乱し、相手の攻撃を単調にさせることで的が絞りやすくなる。

チェンジしたOHがストレート側をしめる

volleyball tactics 105

30 フロアディフェンスの基本形

● 前提となるフォーメーション

　フロアディフェンスの狙いは、スパイクをコースに入って拾うこと、あるいはブロックにワンタッチしたボールを拾うことにある。基本のフォーメーションは軟打対応のプレーヤーを配置した3－1－2型と、相手の強打を重視した3－2－1型の2つあり、相手チームの特徴によってベースを選択する。そこにブロッカーの動き（ネットディフェンス）が加わり、フロアディフェンスを連動させ、トータルディフェンスが作られていくので、押さえておきたい基本の形となる。

【3－2－1型】

マンダウン・フォーメーションと呼ばれる。この場合、オフブロッカーがディグにまわるか、フェイントや軟打に対応する形となる。一般的にスパイクを打とうとするチームが多いため、このベースから多様なブロック・シフトと連動させて、トータルディフェンスを作っていく。トップレベルのチームを含め、このフォーメーションを取り入れているチームは多いので、この項のフロアディフェンスは3－2－1型を基に進めていく。

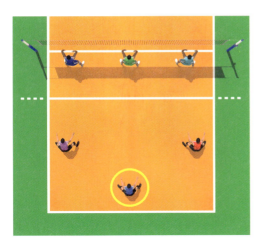
▲バックセンターの選手がコート後方に位置しているのが特徴

【3－1－2型】

フェイントや軟打を拾うためのプレーヤーを配置したフォーメーションで、強打が少なく、両サイドの攻撃に速さがないチームに有効。マンアップ・フォーメーションとも呼ばれる。特徴としては1の位置にセッターが入ることで、次の攻撃につなげやすいが、コースレシーブは限定的となる。

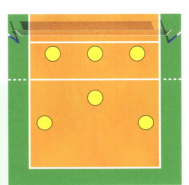

◀ 基本形

バックセンターの選手が軟打対応しやすいようにアタックライン付近まで上がっている

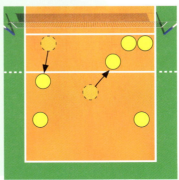

◀ レフトからの攻撃対応

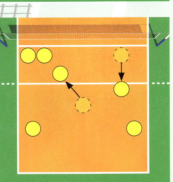

◀ ライトからの攻撃対応

volleyball tactics 107

31 トータルディフェンスという考え方

● ネットディフェンスとフロアディフェンスを連動させる

　相手チームもアタック戦術を駆使してくるため、ブロックだけでは守ることはできず、ディグだけで守ることも難しい。大事なのはネットディフェンスのブロックとフロアディフェンスのレシーバーの位置関係を整理し、両方を組み合わせることだ。ブロックはどこのコースを押さえて、どこを抜けさせるのかを明確にすれば、レシーバーも活かされやすい。もちろんブロックにヒットすればそこは抑えにいっているコースなので、ブロックの効果も上がりやすくなる。さらに、そこから逃げてきたボール（フェイントなど）をとる人を配置していれば、相手の逃げ道を防ぐことができる。トータルディフェンスはネットディフェンスとフロアディフェンスを連動させ、狙いを持ってディフェンスを考えていくことだ。

1　レフトからの攻撃に対するトータルディフェンス

【フェイントをレシーブするプレーヤーを準備するフォーメーション】

　ブロックを2枚つけるようにすると、前衛プレーヤーが1枚余るので、その人がフェイントフォローにまわる。後衛の3人はブロックを抜けてくるコースを埋めるような配置となる。あるいはストレート側の後衛がフェイントフォローに入る。

① ブロックに跳ばない
　前衛のプレーヤーが対応する

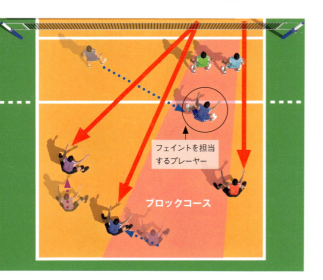

② ストレート側の後衛
　（バックライト）が対応

【ディグメインのフォーメーション】

ブロックに跳ばないプレーヤーがネットから離れてディグに参加し4人体制にする。前衛レフトとリベロの2人が相手レフトからのインナークロスコースに備える。さらにストレートに1人配置する。この場合のコート中央は後衛ライトの選手がフェイントフォローに入るが、4人のレシーバー全員が軟打系の攻撃に対応する可能性がある。また、ストレートの長いコースには後衛のセンターを移動させて配置する。

インナークロスコースに備える

ストレートの長いコースにきたスパイクや、ブロックに当たったワンタッチボールなどを担当する

*ライトからの攻撃はここで紹介した配置と対称となる

volleyball tactics 109

2 センターからの攻撃に対するトータルディフェンス

【Aクイック対応のフォーメーション】

センターからAクイックが来た場合、ミドルブロッカーが反応する。そうするとブロックを外した両サイドに打たれる可能性があるので、そこにレシーバーを配置しておく。

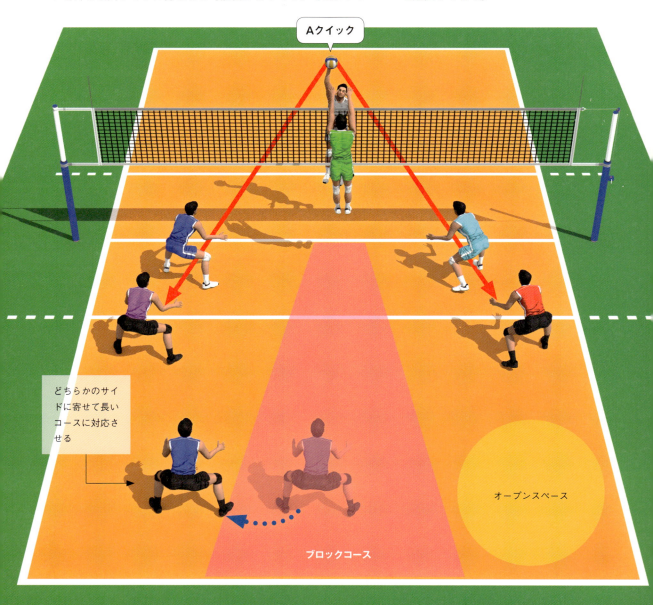

> **Point**
>
> ## 打たせたい方向に誘導する
>
> 打たせたい方向を作る場合は、ミドルブロッカーの隣のプレーヤーがアシストでブロックに跳ぶ。相手スパイカーがブロックを避けてくれると、反対側に打つ可能性が出てくるので、センターのレシーバーをあらかじめブロックとは反対側に寄せておく。仮にブロックの方向に打ってきたとしても、2枚ブロックが付いているのでスパイクが当たりやすくなる。

volleyball tactics 111

【Bクイック対応のフォーメーション】

ライトのブロッカーがBクイックの正面を押さえ、センターのミドルブロッカーが追いかけていき壁を作る（アシストする）。後衛の両サイドは、ブロッカーの外側に打たれるスパイクをディグできるポジションをとる。バックセンターはワンタッチボールを担当する。

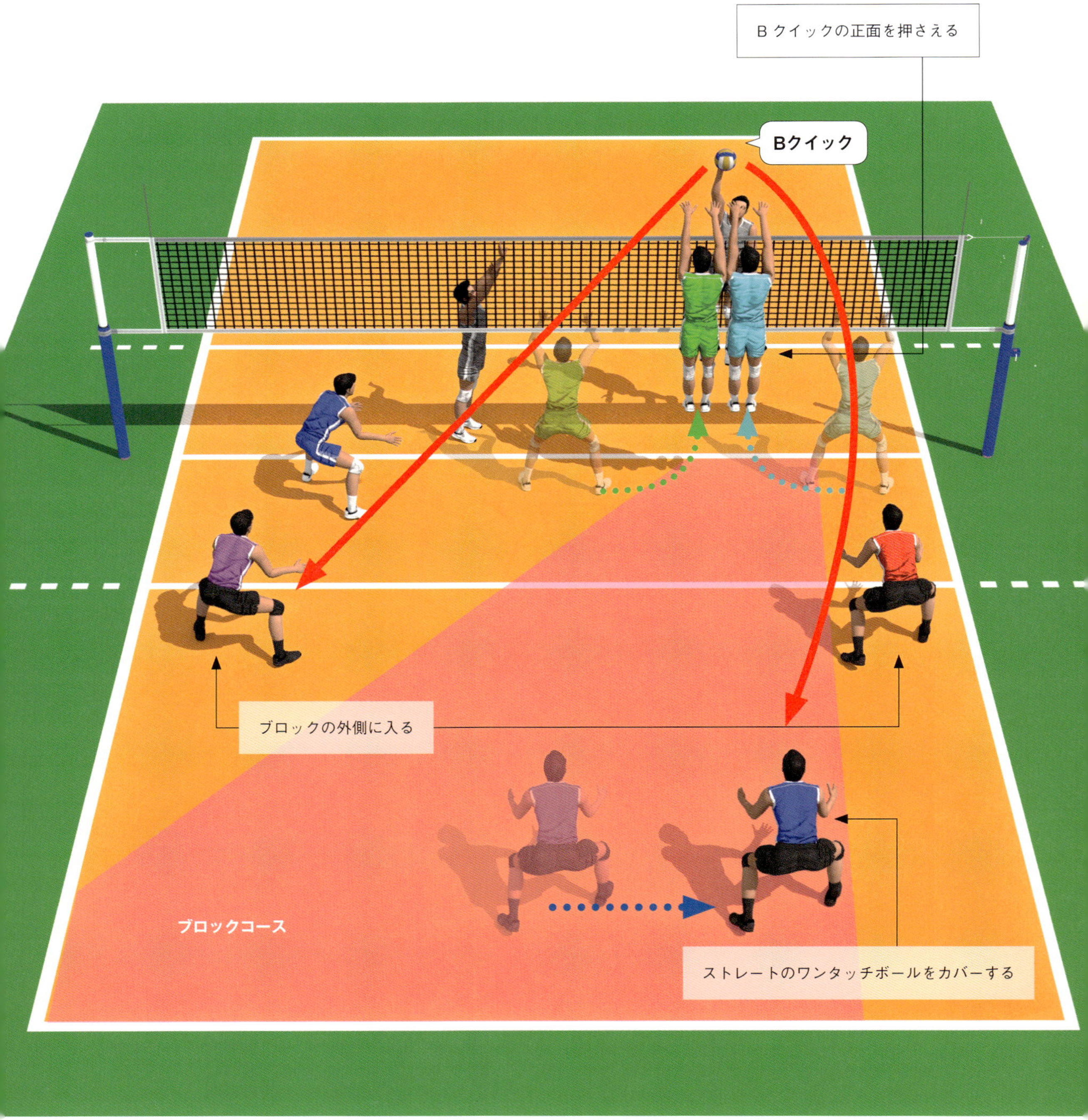

Bクイックの正面を押さえる

Bクイック

ブロックの外側に入る

ブロックコース

ストレートのワンタッチボールをカバーする

【Cクイック対応のフォーメーション】

レフトのブロッカーとセンターのブロッカーが相手のCクイックに対応する。この場合、後衛のレフト、後衛のライトを、ブロックの横を抜けてくるスパイクをディグできる位置に配置する。後衛のセンターに入っているプレーヤーはワンタッチボールをレシーブできる位置に配置されるが、コートのどのあたりに飛んでくるかは相手の特徴を踏まえた判断が必要となる。

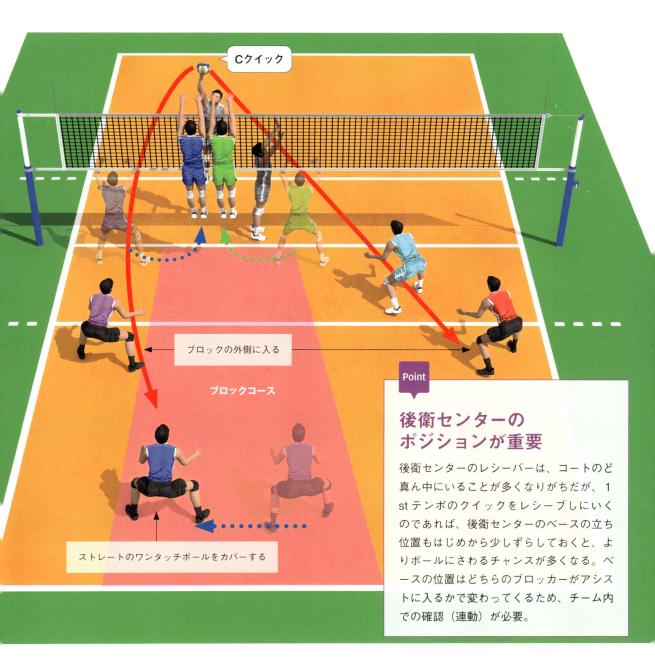

Point

後衛センターのポジションが重要

後衛センターのレシーバーは、コートのど真ん中にいることが多くなりがちだが、1stテンポのクイックをレシーブしにいくのであれば、後衛センターのベースの立ち位置もはじめから少しずらしておくと、よりボールにさわるチャンスが多くなる。ベースの位置はどちらのブロッカーがアシストに入るかで変わってくるため、チーム内での確認（連動）が必要。

3 バックアタックに対する トータルディフェンス

【センター攻撃対応のフォーメーション】

センターからのバックアタックはブロックの枚数によって、フロアの配置を変える。3枚ブロックのときは後衛ライトがフェイント要員となり、後衛レフト、後衛センターはブロックの外側を抜けてくるボールをディグできるように配置する。2枚ブロックの場合は、ブロックに跳ばなかったプレーヤーがフェイントをレシーブし、後衛レシーバーはブロックの両脇にそれぞれ入る。レフト側、ライト側、どちらのレシーバーを厚くするかは相手スパイカーの特徴を踏まえて決める。

①3枚ブロックの場合

②2枚ブロックの場合

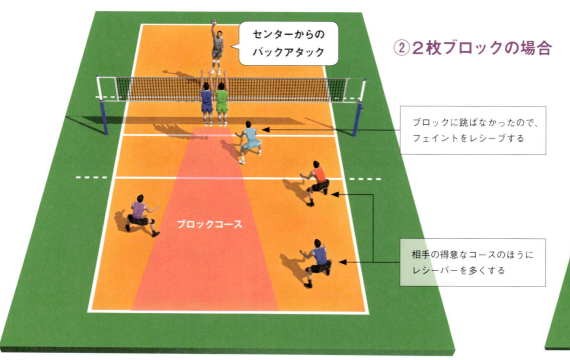

【ライト攻撃対応のフォーメーション】

ライト側はP108の①の配置を逆にした感じとなる。ライト平行に対応したフォーメーションと形は似ているが、フロントスパイクとバックアタックの着弾位置の違いで配置を微調整する。このときのフェイントカバーは、2枚ブロックのときと同じように前衛のプレーヤーでブロックに跳ばなかった選手が対応する。

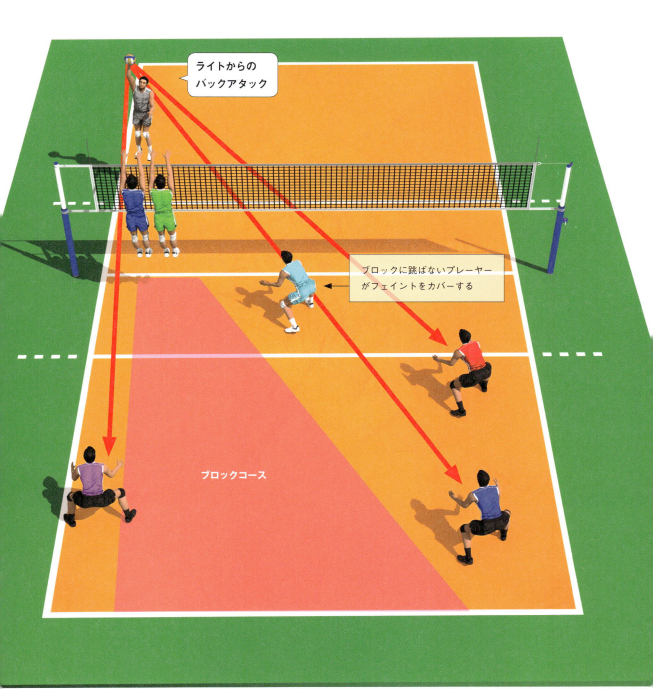

32 3枚ブロックとフロアディフェンス

相手が崩れてきたときのオープン攻撃（3rdテンポ）への対応

相手チームのレセプションやディグが崩れ、ハイセットになった場合、テンポとしては遅いので前衛3人がブロックにつくことができる。その場合のディグ・フォーメーションはどうなるのか。基本の位置を紹介しておく。

【前衛3枚がブロックに付いた場合のフォーメーション】

基本的な配置はこの形となるが、後衛センターと後衛ライトはコート後方のボールを拾う配置のため、フェイントに対しては弱い側面がある。

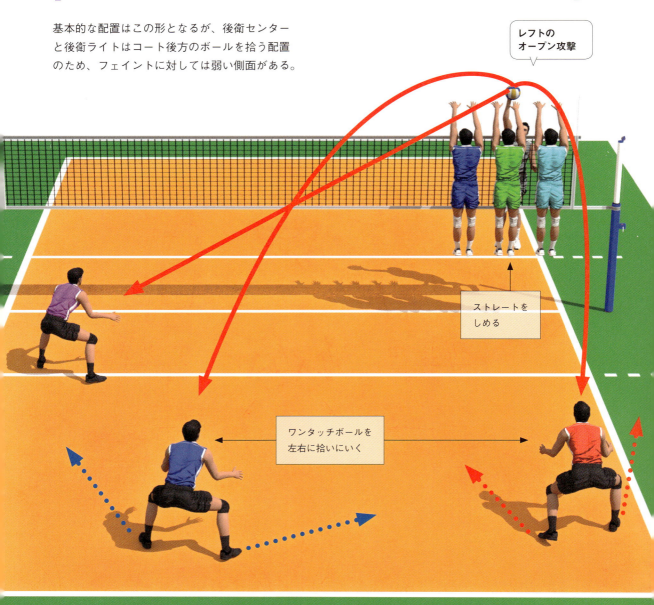

レフトのオープン攻撃

ストレートをしめる

ワンタッチボールを左右に拾いにいく

> **Point**
>
> ### レシーバーは考えられる攻撃を想定しておく
>
> 3枚もブロックがあると、相手スパイカーにはインナー・スパイク、ブロックアウト、フェイントという3つの選択肢しかない。フロアを守るプレーヤーは、その3つを頭に入れておくことで対応しやすくなる。

【フェイントを意識したプレーヤーを配置したフォーメーション】

フェイントをカバーする場合は、後衛ライトのレシーバーが入るようにする。このとき後衛のセンターがカバーする範囲が広がるので、どのコースにくるか判断することが重要になる。

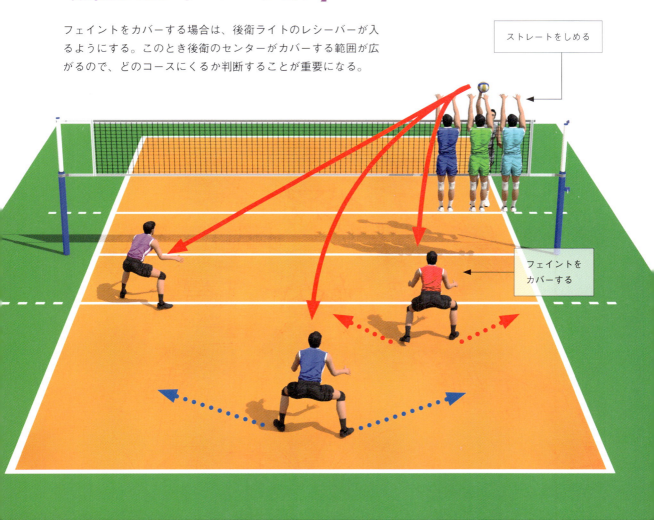

ストレートをしめる

フェイントをカバーする

＊ライトからの攻撃はここで紹介した配置と対照となる

volleyball tactics 117

33 サイドの攻撃が1枚ブロックになったときのディフェンス

▶ ストレートをあけるのか、しめるのか？

　最近は両サイドの攻撃もテンポが速くなっているので、ブロック戦術として必ずしも両サイドにミドルブロッカーがいけるわけではない。実際のところチーム内では、「こっちはブロックにいくけど、こっちは遅れるよ」というような申し合わせがなされているはずだ。相手の攻撃が遅いときにブロックが2枚あるということは、どちらかの攻撃に絞っているからであって、読みが外れたり、セットアップで振られたりすると、1枚ブロックになっているケースは多々ある。その場合、ブロックの位置どりが重要となり、ブロッカーがストレートをあけるのか、しめるのかによって、フロアの配置を連動させていく。

【ストレートをあけた1枚ブロック】

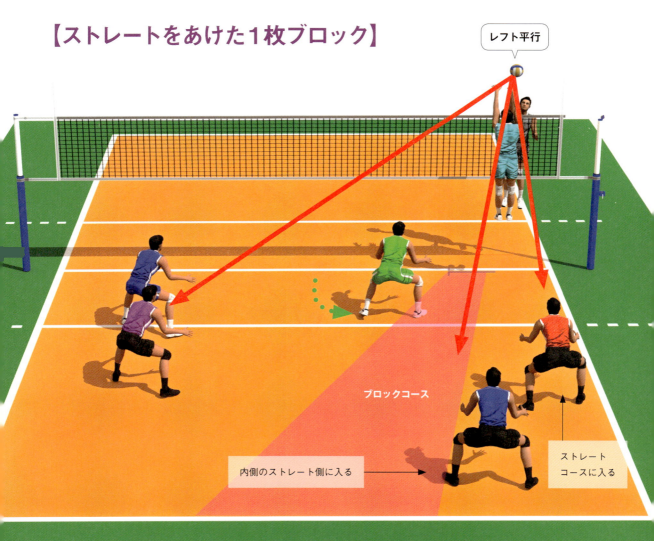

> **Point**
>
> ### ミドルブロッカーがフェイントに入る
>
> ストレートをしめた場合は、クロスのコースに打ってくる可能性が高いので、クロス方向に3人レシーブを配置する。相手のセットアップに惑わされたり、読み間違えたりしてブロックに行けない場合は、フェイントをカバーする。その動きに合わせてフロアディフェンスも対応する。

＊ライトからの攻撃はここで紹介した配置と対称となる

【ストレートをしめた1枚ブロック】

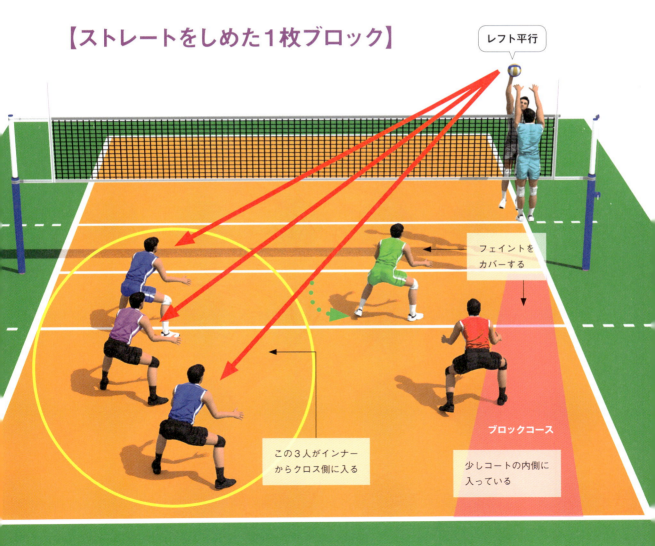

レフト平行

フェイントをカバーする

この3人がインナーからクロス側に入る

ブロックコース

少しコートの内側に入っている

第 5 章

トランジション

34 ディグからのトランジション

▶ レフトから攻撃を受けた場合の展開

　第3章のアタック戦術で紹介した攻撃は、レセプションがセッターに確実に入っているという前提でのコンビネーションなので、基礎といえば基礎に当たる。局面としてはセットプレーとトランジションがあり、実際にはラリー中に生じるさまざまなケースから、コンビネーションを作っていく必要がある。大事なことはレフト、センター（クイック＆バックアタック）、ライトの3つのゾーンを使い分けること。できるだけゾーンを消さないようにする必要があり、いかに有効な場所に入り、連動して効果的なプレーヤーを作るかを考えていかなければならない。ここではベストな状況での戦術から、乱れたときの戦術まで、状況を想定して紹介していく。

1　3つのゾーンを使い分けるベストな状況

〈攻撃例〉 Aクイック→センターバックアタック→レフト平行・ライト平行

【フェイントカバーがいる場合】

Point　センターで2対1を作る

相手のミドルブロッカーに対して中央で2対1の状況を作り上げている。これに注意を引かれると両サイドには対応しづらくなる。

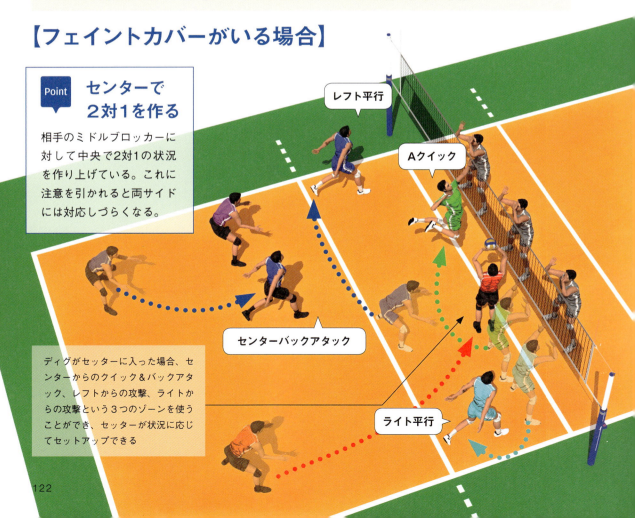

ディグがセッターに入った場合、センターからのクイック＆バックアタック、レフトからの攻撃、ライトからの攻撃という3つのゾーンを使うことができ、セッターが状況に応じてセットアップできる

check

ミドルブロッカーの基本の攻撃パターンは3つ

ラリー中はさまざまなディグが上がってくるため、クイックはセットアップの位置が多少ネットから離れても対応しやすいBクイックを想定しておく。ディグがきれいにセッターに入った場合は、Aクイック、Cクイックにも入ることで攻撃のバリエーションが増える。

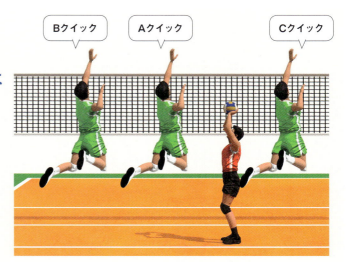

【フェイントカバーがいない場合】

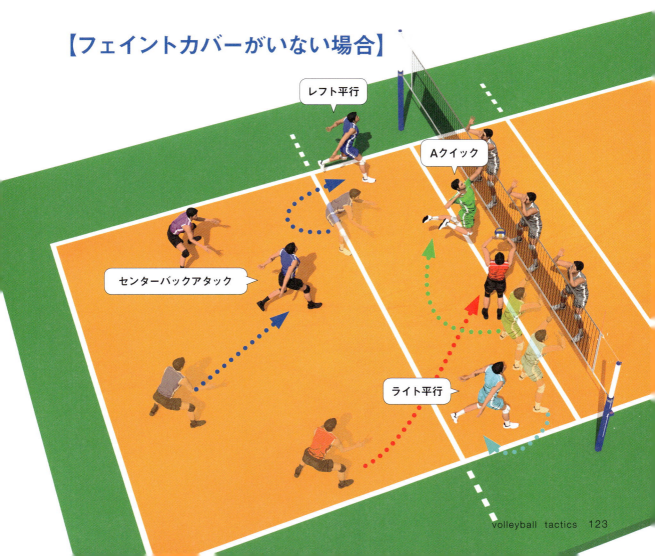

volleyball tactics 123

2 スペースを作りたい場合

〈攻撃例〉Cクイック→センターバックアタック・レフト平行・ライト平行

クイックを片方のサイドに寄せることで、クイックとセンターのバックアタックの位置が少し離れ、2対1に。さらに難しさが増す。ブロッカーは反対サイドへの距離ができ、対応しづらくなる。

Point
ミドルブロッカーがCクイックに入る

ディグがセッターの定位置に入った場合の最近の主流が、ミドルブロッカーがCクイックに入るケースだ。相手ミドルブロッカーからすると、ライト側のCクイック、ライト平行に加え、センターからのバックアタック、レフト側からの攻撃の3ゾーンが気になる状況となり、4人対1人の状況ができあがる。

3 相手が攻撃してきたサイドとは逆のサイドから攻撃する

こちら側のスペースがあいている

こちら側からの攻撃が有効

フォローのためレフト側に密集している

相手がレフトから攻撃してくる場合、相手陣営はフォローのためにレフト側に密集しているので、自チームのトランジション攻撃を逆のサイド（レフト側）から行うと、相手チームのディフェンスの対応が遅れる要因となる。

4 速いテンポで攻撃する

3の狙いと同様に相手のディフェンス陣形が揃いきらないうちに攻撃（クイックなど）を仕掛けていく。チャンスボールがきたときも同様。

point of view
ストレートをあけた場合のセッターの視野

volleyball tactics 125

35 ディグが乱れたときの攻撃パターン

● できるだけ3つのゾーンをキープする

ラリー中はすべてのディグがセッターの定位置に入るわけではない。ディグが乱れ、セッターが前後左右に移動しなければならないとき、オープンスペースと狭いスペースができるので、そこをどう使い分けるかを考えなければならない。まずはレフト、センター、ライトの3つのゾーンをいかに維持するかを考え、もし乱れたときはコンビネーションができる状況なのか、それともしのぐプレーが必要とされているのか、全員が見極めていく。

Point

バックアタックでセンターゾーンをカバーする

ディグが乱れると最初にクイック攻撃は消えてしまうが、バックアタックを使うことでセンターのゾーンを補うことができる。これでレフト、ライト、センターの3つのゾーンをキープする。

レフト平行

1 中央にディグが上がった場合

〈攻撃例〉 縦Bクイック→センターバックアタック→レフト平行・ライト平行

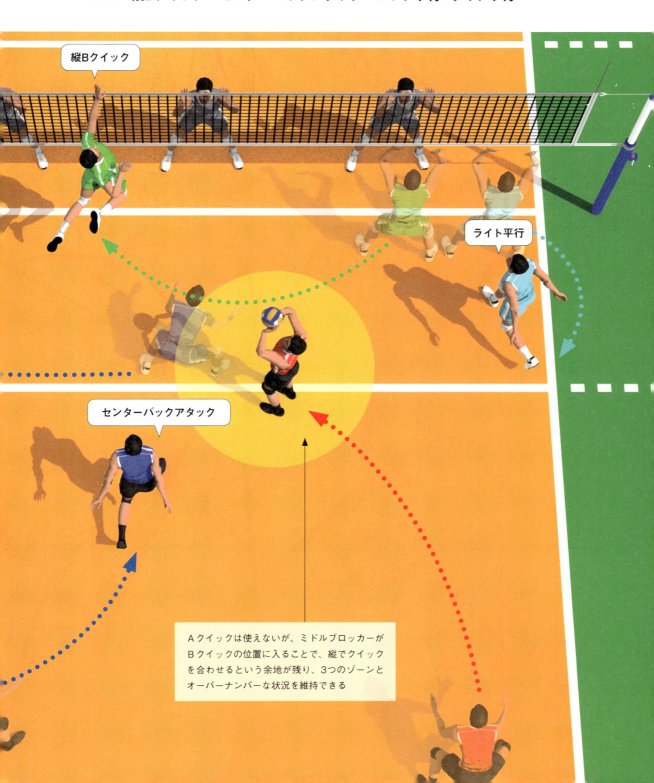

Aクイックは使えないが、ミドルブロッカーがBクイックの位置に入ることで、縦でクイックを合わせるという余地が残り、3つのゾーンとオーバーナンバーな状況を維持できる

2　レフト側にディグが上がった場合

〈攻撃例〉**レフト攻撃→センターバックアタック→ライト平行（MBが打てない状態）**

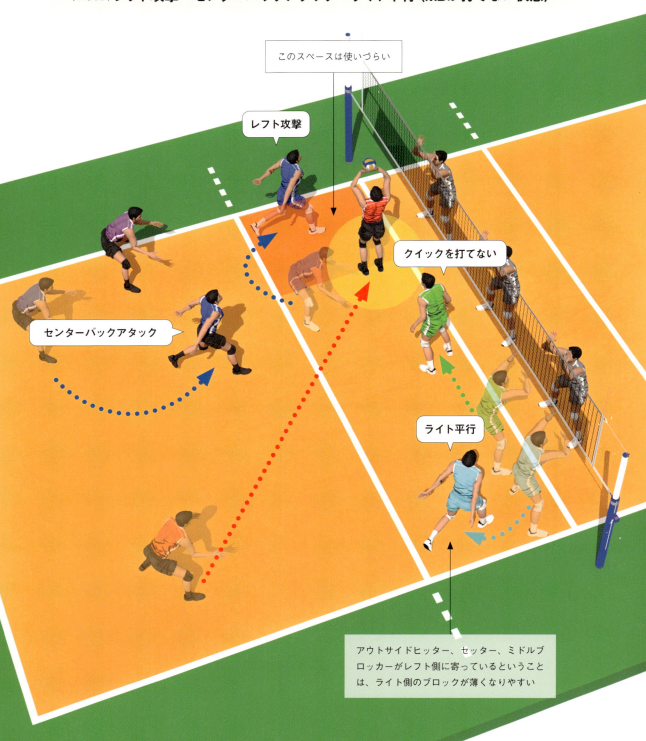

Point

ミドルブロッカーが
セッターに付いていく

P128で紹介したパターンの応用編となるが、イラストのようにセッターがレフト側に移動したと仮定すると、ライト側はオープンスペースになる。この状況では、オープンスペースをどう活かすのかがポイント。このとき、重要となるのはミドルブロッカーの動きだ。この場合、ボールがレフト側へ流れ、セッターが移動すると、レフトサイドの幅が狭くなるため攻撃しづらくなる。しかし、この状況を利用し、ミドルブロッカーがセッターを追いかけてCクイックに入ることで、相手のミドルブロッカーをレフト側に引きつけていく。そうすることで、ライト側のオープンスペースに有効性が増す。ノーマークであればCクイックを打ってしまえばいい。

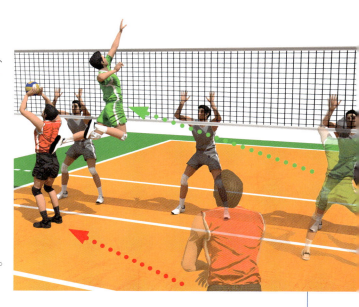

Point

リベロがセカンドセッターの
役割を担う

レフト側に上がったディグがアタックラインより後ろであれば、セッターが無理をしてセットアップするよりは、リベロがセカンドセッターとしてハイセットするのも崩れないための一つの方法だ。また、セッターがレシーブをして、リベロがコート上にいないときは、前衛のミドルブロッカーや後衛のトスが上手なプレーヤーがトスを上げる。このようなときはトスを誰が上げにいくのか、事前に確認しておく必要がある。

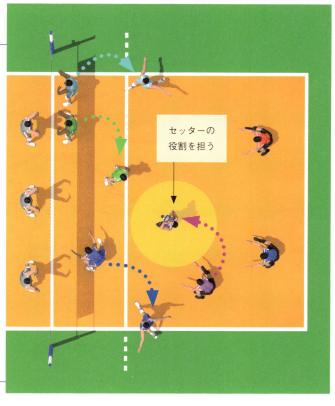

セッターの役割を担う

3 ライト側にディグが上がった場合

〈攻撃例〉 **縦Bクイック→センターバックアタック→レフト平行・ライト平行**

レフト平行

縦Bクイック

センターバックアタック

ライト平行

Point

レフト側のオープンスペースをどう使うか

このケースの場合、ライト側のスペースが狭いため、レフト側にオープンスペースが生まれる。上げやすいのはレフトで、上げづらいのがライトとなるが、バックアタックを打てる選手がいれば、センターのバックアタックでしのぐパターンも選択肢に入れておきたい。もしディグがアタックライン付近であれば、縦のBクイックも選択肢に入れてもよい。

4 コートの後方にボールが流れた場合

> **Point**
>
> ### 両サイドの攻撃で乗り切る
>
> アタックラインよりもコートの後方に上がったときは、クイックは使えないので、状況が把握できて合わせやすい両サイドを使うのがセオリー。

クイックは使えない

この状況で上げやすいのはレフト攻撃。その次に縦のライト攻撃となる

volleyball tactics 131

36 ブロックフォローからのトランジション

● ボールの質によって判断し、攻撃を組み立てる

　自チームの攻撃の際、アタッカーを除いたプレーヤーがしっかりフォローに入ることで、たとえブロックに当たっても、戻ってきたボールを再び攻撃につなげることができる。とくに強いサーブや、相手の攻撃を受けたときにレシーブが乱れ、ハイセットのスパイクを打ちにいくような状況では、フォローにもいきやすい。ブロックフォローの基本は、スパイカーの一番近くにいるプレーヤーが、一番近い位置でフォローに入り、その後ろ、その横とスペースを埋めるように入っていく。ただし、一つの場所にほとんどのプレーヤーが集まっているので、その後の展開が難しい。しかも想定できないボールが瞬間的に返ってくるので、フォローができても、小さくしかボールが上がらない場合、逆に高く上がる場合、セッターがボールを追いかける場合、あるいはセッター以外のプレーヤーがセットアップしなければいけない場合と多岐にわたった状況が発生しやすい。そのため素早い判断と素早い動きが要求され、そこから全員が判断して攻撃を組み立てる必要がある。ここでは、セッターにボールが返ったと仮定しての展開例を紹介する。

1 アウトサイドヒッターがレフトからスパイクを打ったときの展開

〈攻撃例〉 Ａ（Ｂ）クイック→レフト平行・ライト平行→（センターバックアタック）

スパイクを打ったアウトサイドヒッターがもう１回開いて、レフトサイドで打ちにいく。一番近い位置でブロックフォローに入っていたミドルブロッカーはＡクイック、またはＢクイックを打ちにいく。後方でフォローしていたオポジットはライトサイドで打ちにいくというのが基本。さらにオーバーナンバーな状況を作るのであれば、後衛のアウトサイドヒッターがアタックライン付近までフォローに来ているので、ボールが高く上がれば１回引いて、バックアタックを取り入れる余地が生まれる。

ボールが高く上がったらバックアタックを打つ

もう１回開いてレフトサイドで打ちにいく

ライトサイドで打ちにいく

ＡクイックまたはＢクイックに入る

point of view
真上からの視点

2 オポジットがライトから スパイクを打ったときの展開

〈攻撃例〉Cクイック→レフト平行・ライト平行→（センターバックアタック）

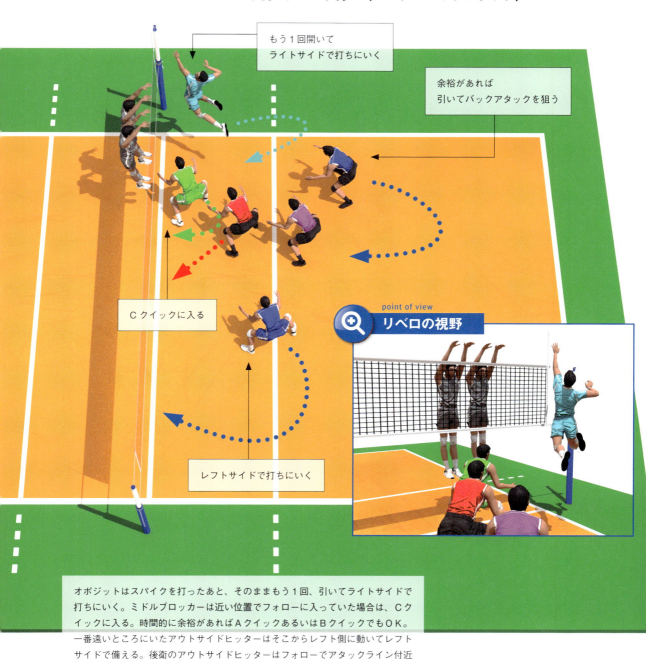

オポジットはスパイクを打ったあと、そのままもう1回、引いてライトサイドで打ちにいく。ミドルブロッカーは近い位置でフォローに入っていた場合は、Cクイックに入る。時間的に余裕があればAクイックあるいはBクイックでもOK。一番遠いところにいたアウトサイドヒッターはそこからレフト側に動いてレフトサイドで備える。後衛のアウトサイドヒッターはフォローでアタックライン付近まで詰めているので、余裕があれば引いてバックアタックを打つ。

volleyball tactics 133

終章
ベンチワーク戦術

37 タイムアウトで流れを変える

▶ ゲームの流れに有効な取り方を考える

　バレーボールは流れが大きく勝敗を左右するスポーツだ。チームがうまくいっていないときに使えるのがタイムアウト。連続得点を許してしまったときはもちろん、たとえば2周ローテーションしているのに、何回も同じ局面でやられているときに使うと有効だ。ローテーションがあるバレーボールは互いに得意、不得意なマッチアップがあるので、いつもこのローテーションで崩されるというような事象がどうしても発生してしまう。そういった場合は、相手に点数を取られてからタイムアウトを取ることもあるが、そのローテーションがきた時点で先にタイムアウトを取って、流れを切っておくこともある。あるいは、やろうとしていることがズレているときの修正法を伝えたり、プレーヤーに気づかせたいとき、または相手サーバーが強力な場合に間を取って強いサーブを打ちづらくするときなどにタイムアウトを利用する。ただし、タイムアウトは1セット2回までと限られているので（国際試合やVリーグは、8点、16点のテクニカルタイムアウトもあり）、試合中はリベロを通して、「ここをマークしろ」「●●に○○を考えろ」などの指示を出すこともある。

38 ゲームの流れを変えるメンバーチェンジ

▶ **効果率（精度）が下がっているプレーヤーを下げる**

トップレベルでは、データをリアルタイムで分析し、映像もその場で確認しながらゲームを行っている。乱されている局面、プレーが乱れている選手などが数字となって示されるため、監督はそれを見ながら効果率の下がっているプレーヤーの対策を立てる必要があり、そこで使われるのがメンバーチェンジとなる。ゲーム中に考えられるメンバーチェンジの種類と目的はさまざまで、その使い方を整理しておこう。

メンバーチェンジ

- スパイカーを替える
- セッターを替える
- サーバーを入れる
- レシーバーを入れる
- ワンポイントブロッカーを入れる
- 2枚替え
- 1人 or 複数人の交替

Point サーブはミスしない

メンバーチェンジ後のサーブは、ミスをしたら、メンバーチェンジの意味がその時点でなくなってしまうので、このときのサーブは絶対にミスしないように！

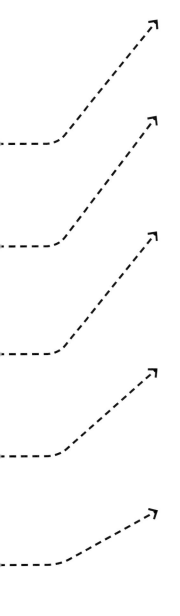

レセプションで崩されてしまっている、スパイクの効果率が下がっているプレーヤーを下げる。きちんとしたデータでなくても、「疲れているな」「決まらなくなっているな」という印象も、ゲームの中では重要な判断材料となる。

スパイカーとのコンビネーションがずれているときや、トスが乱れているとき。あるいは技術的な問題はなくても、配球が相手チームに読まれているときなどに、セッターを替えることがある。

ピンチサーバーとして出ていくプレーヤーは、たまにいいサーブを打てるのではなく、相手を崩せる、点数が取れるサーブを持っている、というのが前提だ。さらに、ほぼミスがないのがベスト。ピンチサーバーが担わなければいけないシチュエーションは、だいたいゲームのポイントになる場面なので、メンタルの強さも求められる。サーブミスが多い選手、あるいはサーブがそんなに強くない選手とチェンジするのが一般的だ。チームとして気をつけることは、サーブのあとはディフェンスに切り替わるので、ピンチサーバーで入ったプレーヤーがどこに入るか、一時的なフォーメーションに慣れておく必要がある。

ディフェンス力を上げ、トランジションで点数を取りにいくときに使う。またはサーブレシーブからの攻撃をしっかり決めるためにも使う。すでにリベロは1枚入っているので（ミドルブロッカーの位置）、一般的には後衛レフトのアウトサイドヒッターと交代して入ることが多い。起用する理由は、その後衛レフトのプレーヤーのディグやレセプションが不安定であったり、崩されたりしているケースだ。

あるタイミングでブロックのためだけに入るので、長身の選手を起用することが多い。そうすると相手セッターとしてはブロックをさせないために、ワンポイントブロッカーを避けてセットアップすることが多い。なので、こちら側としてはワンポイントブロッカーを入れたところからは攻撃がないだろうという読みのもと、ディグ・フォーメーションを組む。ワンポイントブロッカーの他の起用目的としては、いいサーバーの際に、ブロックのうまいプレーヤーを前衛に集めて、相手のエースアタッカーを抑えにいくというケースもある。ただしワンポイントブロッカーはセッターと交代するケースが多いので、その場合、トランジションの際にはセッターができるリベロ、もしくはセッターができるプレーヤーがいるというのが条件となる。

セッターが前衛のときはブロックの穴になりやすい。それが3ローテーション続くので、勝負どころでは、点数を取りにいくために2枚替えを使う。セッターと交代する選手はブロックが期待されているので、それなりの身長があるプレーヤーで、控えのセッターも守備がいいだけでなく、それなりにセットアップができるのが条件。さらにサーブがいいとなお良い。リスクとしては、2枚替えをすることで6回できるメンバーチェンジの4回分を消化してしまうことだ。

複数人（or 1人）を替えることで、チームのカラーを変え、必要な要素を加えることができる。またはセットの終盤、次のセットに向けて主軸の選手を休ませるときにも使う。

volleyball tactics 137

プレー記録表

VS   セットカウント　　　　　ー

名前	Spike				Serve				
	打数	決定	被ブロック	ミ ス	打数	エース	崩し （C・D パス）	ミ ス	

※コピーしてご使用ください

DATE 　 / 　 /

Block		Serve Reception						Dig		
決定	有効タッチ	受け数	Aパス	Bパス	Cパス	Dパス	ミス	受け数	成功	ミス

※すべて本数をカウントする

データ集計表

VS _____　　　　セットカウント　　　　　　　　　＿

名前	Spike					Serve				
	打数	決定率	効果率	被ブロック率	ミス率	打数	エース率	効果率	ミス率	

※すべて本数をカウントする
※ Spike 効果率＝（決定－〈被ブロック＋ミス〉）／打数
※ Serve 効果率＝（〈エース＋ C パス・D パス〉－ミス）／打数
※ Block についてはセット当たりの率とする
※ Block 率＝各本数 / セット数
※ Spike 率＝決定数（決定率）・被ブロック数（被ブロック率）・ミス数（ミス率）／打数
※ Serve 率＝エース数（エース率）・ミス数（ミス率）／本数
※ SR 率＝各項目 / 受け数
※ Dig 率＝成功数・ミス数 / 受け数

DATE ／ ／

Block		Serve Reception					Dig		
決定率	有効タッチ率	受け数	A パス率	B パス率	C+D 率	ミス率	受け数	成功率	ミス率

※コピーしてご使用ください

volleyball tactics

おわりに

　バレーボールにおいて良い選手とは高身長であり、高い体力要素を持っていること、そして、高い技術力があることなどが挙げられると思います。しかし、たとえば高身長でなくとも跳躍力がある（まさにハイキュウの主人公のように）ことで、試合において活躍できる可能性が出てきます。この跳躍力に戦術実践力の高さが加わるだけで、活躍の可能性は飛躍的に高まります。

　私が指導してきた選手の中にも190センチに満たないミドルブロッカーで、U23日本代表においてレギュラーとして世界選手権に出場し、現在Vリーグで活躍している選手がいます。彼は、大学時代から俊敏性に優れ、跳躍力が非常に高かったのですが、それだけに留まらず戦術を考え、実践する能力が非常に高いプレーヤーでした。ブロック時には相手チームのセッターやスパイカーとの駆け引きをうまく行うことができていました。このように、自身の力を最大限に利用したり、足りない部分を補ったりということができるのが戦術となります。

　しかし、戦術は利用できたら即成功とはなりません。なぜなら相手も戦術を駆使しているからです。そうなると重要なのは、いかに相手が対応できないこと、または相手に対応されないことを選択して駆使できるかという点になります。このような意味では、相手の考えや力量を見抜く力も必要となると思います。裏返して言うと、相手が仕掛けてきたプレ

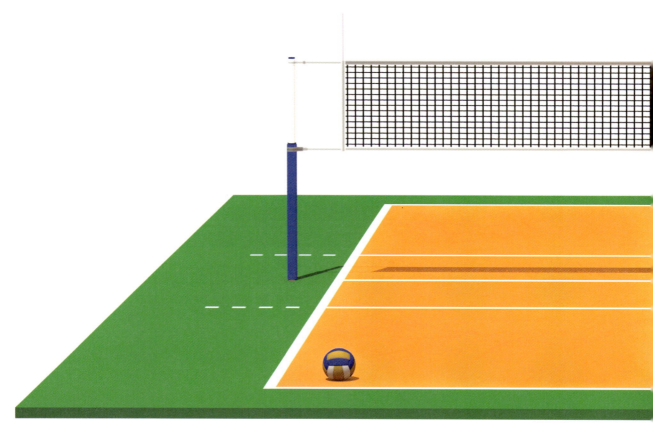

ーにはこんな戦術があるなということが見抜ければ、それに対応するプレーを選択できるようになります。

また、一方で戦術は技術、体力などと同列にあるものでもあります。そのため、対戦相手に対して技術や体力で足りないところがあっても、戦術を徹底したり、駆使したりすることで戦力的に上位の相手にも勝利することが可能になるとも言えます。この場合の戦術の徹底とはチームで志向していることを統一させ、共有していくことです。こういった戦術の部分は成功・不成功だけでは評価しきれないところがあり、ある意味、不明瞭なところがあります。しかし、試合の中で互いが高次元に徹底して連動することで、持っている力を十二分に発揮できるようになるものです。この本がきっかけになり、個人やチームの戦術の幅が広がり、皆さんの試合における力が高まり、その力を大いに発揮されることを期待したいと思います。

最後まで、本書をお読みいただきありがとうございました。この本が指導に携わる方々、プレーする皆さんに少しでもお役に立てていただけたのであれば幸いです。

高橋宏文

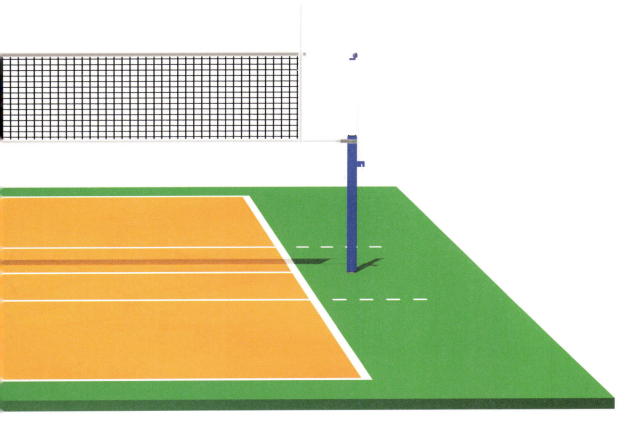

高橋宏文 たかはし・ひろぶみ

1970年生まれ。神奈川県出身。順天堂大学大学院修士課程を1994年に修了。大学院時代は同大学女子バレー部コーチを務め、コーチとしての基礎を学ぶ。修了後、同大学助手として勤務し、このとき、男子バレーボール部のコーチにも就任。以後3年半にわたり大学トップリーグでのコーチを務める。1998年より東京学芸大学に勤務。同大学では男子バレーボール部の監督を務めている。

デザイン／黄川田洋志、井上菜奈美、石黒悠紀（有限会社ライトハウス）
写　　　真／長尾亜紀
編　　　集／平純子
　　　　　佐久間一彦（有限会社ライトハウス）

マルチアングル戦術図解
バレーボールの戦い方
攻守に有効なプレーの選択肢を広げる

2019年12月25日　第1版第1刷発行

著　　者／高橋宏文
発 行 人／池田哲雄
発 行 所／株式会社ベースボール・マガジン社
　　　　　〒103-8482
　　　　　東京都中央区日本橋浜町2-61-9　TIE浜町ビル
　　　　　電話　03-5643-3930（販売部）
　　　　　　　　03-5643-3885（出版部）
　　　　　振替口座　00180-6-46620
　　　　　http://www.bbm-japan.com/

印刷・製本／広研印刷株式会社
©Hirobumi Takahashi 2019
Printed in Japan
ISBN978-4-583-11161-2　C2075

＊定価はカバーに表示してあります。
＊本書の文章、写真、図版の無断転載を禁じます。
＊本書を無断で複製する行為（コピー、スキャン、デジタルデータ化など）は、私的使用のための複製など著作権法上の限られた例外を除き、禁じられています。業務上使用する目的で上記行為を行うことは、使用範囲が内部に限られる場合であっても私的使用には該当せず、違法です。また、私的使用に該当する場合であっても、代行業者等の第三者に依頼して上記行為を行うことは違法となります。
＊落丁・乱丁が万一ございましたら、お取り替えいたします。